郭燕 著

二语习得中的
学习者因素研究

Learner Variables

in

Second Language

Acquisition

武汉大学出版社

图书在版编目(CIP)数据

二语习得中的学习者因素研究／郭燕著. -- 武汉：武汉大学出版社，2024.12(2025.7重印). -- ISBN 978-7-307-24674-4

Ⅰ. H003

中国国家版本馆 CIP 数据核字第 20243G3Y20 号

责任编辑:李晶晶　　　责任校对:汪欣怡　　　版式设计:马　佳

出版发行：**武汉大学出版社**　（430072　武昌　珞珈山）

（电子邮箱：cbs22@whu.edu.cn　网址：www.wdp.com.cn）

印刷:武汉邮科印务有限公司

开本:720×1000　1/16　印张:11　字数:179 千字　插页:1

版次:2024 年 12 月第 1 版　2025 年 7 月第 2 次印刷

ISBN 978-7-307-24674-4　　　定价:59.00 元

前　　言

在近 30 年的高校外语教学实践中，笔者发现，在同样的课堂环境下，使用同样的教材、教法，学习者对教学环境中产生的学习机会、给养等在感知、利用程度上存在很大差异，从而导致其在学习体验、学习收获等方面产生不同结果。到底是哪些因素引发学习者的学习成就差异？这是教育教学工作者殚精竭虑力图弄清楚的核心问题。研究发现，学习者个体差异因素，如语言学能、动机、焦虑等，是起到关键作用的因素之一。笔者因此深入到该领域，聚焦学习者个体差异因素中非常关键、学界普遍关注的三个因素(学习者投入、二语焦虑、二语学习策略)，立足于教学实际中产生或发现的问题，以问题为导向，从不同的理论视角切入，采取不同的研究方法，力求在探索相关因素是否产生影响作用、如何产生影响作用，以及怎样的教学干预更利于相关因素发生作用等方面贡献自己的力量。

学习者投入、二语焦虑、二语学习策略这三个学习者个体差异变量在外语教学与研究中具有举足轻重的作用。二语焦虑作为重要的学习者情感变量，影响学习者外语学习成败；学习者投入、学习策略认知与使用(包括自主学习意识与实践)则是在认知、行为层面影响学生学业成绩、学习质量的决定性因素，对这三个因素的研究是促进外语教育教学、提升教学质量、助力人才培养的重要路径。笔者十多年来有关这三个因素的研究推动了相关构念在我国的本土化研究，具有很好的实践意义，为外语教育教学研究提供了重要启示。在这些研究中，所有研究问题均来自教学实际，在凝练研究问题、选取研究视角、进行研究设计、开展定量/定性数据收集等方面有其独到之处。在此将这些研究结集成书，希望可以在如何开展外语教育教学相关实证研究方面为读者们提供一些示范和借鉴，促进外语教育教学研究的发展。

全书共分五章十六节。第一章绪论，概述了二语学习者个体差异研究的一般图景，综述了学习者投入、二语焦虑、二语学习策略这三个核心要素的研究现状。第二章聚焦二语学习者投入，在梳理相关研究文献的基础上进行了批注式阅读教学干预实验和基于移动平台的大学生课外英语原著阅读投入研究。第三章聚焦二语学习焦虑，既从多维视角全方位地揭示非英语专业大学生的英语学习焦虑，又专注于写作焦虑，开展大学英语"写长法"对写作焦虑和写作能力影响作用的实验研究，进行中国非英语专业大学生的外语写作焦虑测试，并考察在大学英语分层次教学背景下学习者的写作焦虑状况。第四章以二语学习策略为研究切入点，考察大学英语师生学习策略教授与使用的相关性，揭示学习者在大学英语教材使用方面的策略情况，并以自主学习这一情境为基础探究学习者的二语自主学习状况，具体考察非英语专业研究生在计算机网络环境下的自主英语学习情况以及研究生英语自主学习能力及相关影响因素。第五章为结语，总结主要研究发现、研究贡献与教学启示，并展望未来研究方向。

其中，第二章第一节内容曾在《现代外语》2024年第2期发表，第二节内容曾在《外语界》2022年第6期发表；第三章第一节内容曾在《外语界》2014年第4期发表，第二节内容曾在《外语界》2011年第2期发表，第三节内容曾在《外语界》2010年第2期发表，第四节内容曾在《北京第二外国语学院学报》2009年第10期发表；第四章第一节内容曾在《外语界》2007年第2期发表，第二节内容曾在《外语学刊》2013年第6期发表，第三节内容曾在《山东外语教学》2007年第1期发表，第四节内容曾在《北京第二外国语学院学报》2010年第6期发表。

在本书付梓之际，特别感谢我的恩师徐锦芬教授一直以来对我的悉心指导、关心和支持，正是在导师的指导和不断鼓励下我才在学术之路上一直砥砺前行。感谢秦晓晴教授、周江林教授、樊葳葳教授对本书中部分研究的指导。感谢华中科技大学外国语学院领导对本书选题、撰写和出版的大力支持。感谢武汉大学出版社给予的指导和帮助。

由于笔者经验不足，水平也有限，书中难免存在疏漏之处。诚望各位专家、同仁和读者批评指正。

郭　燕

华中科技大学外国语学院

2024 年 6 月

目　　录

第一章 绪 论

二语学习者在二语学习过程中必然表现出不同程度的差异，学习者个体差异因素，即学习者因素，在解释二语习得的过程和结果方面具有重要作用，相关研究在二语习得领域一直占据重要地位。本章首先概述学习者个体差异因素研究的一般图景，然后结合本书具体内容，对学习者个体差异因素中的投入、焦虑、学习策略三个核心要素进行文献综述，最后对本书的章节构成以及每个章节的主要研究内容进行简要说明。

第一节 二语学习者因素概述

个体差异(individual differences，IDs)是心理学分支差异心理学中的一个构念。在二语习得领域，个体差异指学习者个体具有或表现出来的区别于他人的特质或其他特征(Dörnyei，2005)。个体差异(individual differences)、个体差异因素(individual difference variables)、学习者因素(individual variables/learner variables)这三个术语可交替使用，均指向"使学习者彼此不同并影响他们在课堂内外行为方式的特征"(Griffiths & Soruç，2020：2)。作为学习者特质、倾向和特征，个体差异因素/变量存在于生理、心理、社会等不同层面，也可能是这些不同层面因素的组合；这些因素及因素组合使得学习者之间产生差异，使每个学习者成为独特的个体，更为重要的是，它们对学习者的学习结果产生直接和/或间接的影响(Li S. et al.，2022)。研究发现，学习者个体差异是成人学习者在二语成就上表现出巨大差异的根源性因素(Granena & Long，2013)，是学习者二语水平的最大影响因素(Dörnyei，2005)。因其在二语习得过程中所起的至关重要的作用，学习者因素历来是二语习得界的研究热点和重点。

在二语研究中，针对学习者个体差异的研究必然涉及三个基本方面：一是在众多个体差异因素中哪些因素值得研究；二是这些因素如何影响二语习得，以及二语习得又如何反向影响这些因素的发展；三则是相关因素如何在二语教学对学习者语言习得的作用中起到中介或调节作用(Ellis，2022)。针对二语学习者个体差异包含哪些因素以及这些因素如何分类的问题，目前尚未有完全一致的看法。Robinson(2002)将学习者因素分为两大类：认知和意愿/情感，认为前者更为稳定，后者更具可塑性。MacIntyre(2002)也持类似的看法，指出情感变量包括态度和动机、焦虑以及自信，认知变量包括能力、智力和策略使用。Cronbach(2002)提出三分法，即情感、意愿和认知三个维度，将情感与意愿分开对待。他认为"情感与感觉和情绪有关，意愿与目标设定和意志有关，认知则指向分析和解释，包括推理、记忆和符号使用"(2002：4)。Li S. 等(2022)指出，学习者个体差异不仅表现在认知和情感领域，如语言学能、动机、焦虑，而且包含学习者在年龄、社会身份等方面的个体差异，如性别、种族等。因此，Li S. 等(2022)在Cronbach(2002)三分法的基础上增加了一个类别，将学习者因素分为四类：认知、意愿、情感和社会文化/人口统计差异。在这一分类法中，认知变量包括语言学能、工作记忆、陈述性/程序性记忆、学习策略、认知风格和元认知；意愿变量包括动机、信念、目标综合体和交流意愿；情感变量包括焦虑、愉悦、自我效能感和学习者观念；社会人口变量则主要指向年龄和身份。Li S. 等(2022)的分类以及对众多学习者因素的涵盖是迄今为止最为全面、最为广泛的(Ellis，2022)。

崔刚等(2016)将相关核心学习者个体差异因素分为三大类，即生理因素(如语言学能)、心理因素(包括性格、学习风格、外语焦虑、学习动机、学习观念)和行为因素(如学习策略、努力程度)；根据不同变量的动态性(即稳定性程度)，将它们划分为易动变量和稳定变量，其中学习策略、努力程度、学习风格、语言焦虑、动机、学习观念等属于易动变量，性格、语言学能属于稳定变量；根据个体差异变量对学习成绩影响的层次性，把它们分为内隐变量(包括语言学能和性格)、中介变量(包括学习风格、外语焦虑、学习动机、学习观念)和直接变量(包括学习策略和努力程度)。就时间维度而言，个体差异因素中二语起始年龄被认为是最能预测二语成就的因素，随着二语学习者年龄的增长，其语言学能会影响其外显及内隐学习，同时情感因素也产生越来越强的作用（张润晗、陈亚平，2020）。

就二语学习者因素研究的理论基础而言，Skehan（1991）指出该领域尚缺乏一个全面的理论来解释各因素之间的关系、这些因素如何影响学习者的行为和认知过程，以及各因素及学习者行为、认知如何共同影响学业成就。学习者个体差异理论方面的欠缺是制约该领域研究的一大因素，这一问题迄今仍未解决。常海潮（2017：57）指出，鉴于个体差异是一个跨学科研究领域，我们"可以借鉴相关学科最新研究成果，在原有理论框架基础上，尝试建立新的理论框架"。Li S. 等（2022）从二语习得理论入手，综述了技能学习理论（skill acquisition theory）、普遍语法（universal grammar）、社会文化理论（sociocultural theory）、复杂动态系统理论（complexity theory）、互动理论（the interaction approach to SLA）、认知假说（the cognition hypothesis）、输入加工理论（input processing）、可加工性理论（processability theory）、使用驱动二语教学（usage-based approaches）等众多二语习得理论，以及在这些理论中学习者因素所起的作用，并在上述理论框架下提出学习者个体差异研究的内容及方法。这说明在一定程度上我们可以依托二语习得理论加强对不同理论视域下不同学习者个体差异因素的研究。

涉及对每一学习者因素变量的考察时，学界对将其视为较稳定的特质（trait）抑或是某一特定情境下的状态（state）一直以来存有纷争。传统的学习者因素研究范式由于基于稳定性的要求，只关注特质，即个体在不同情境下以某种方式行动时在时间维度上的稳定倾向，并且只将特质视为值得研究的对象（Dörnyei & Ryan，2015）。然而，情境效应对这种稳定性提出了质疑，近年来越来越多研究者认为学习者因素具有情境性，是在特定情境下构筑和发展，因而有必要探究在特定情境特征影响下学习者因素的变化。正如常海潮（2017：57）所指出的，个体差异研究"必须重视个体因素的情境性特征，从个体因素与具体情境互动关系的角度把握其发展特征和变化规律"。总体而言，特质或状态的二分法虽然在学界引起了激烈的争论，但研究者们逐渐发现，这两种方法实质上是相辅相成的：在任何特定情境下，学习者都会显示出特定的状态，但如果从更长的时间尺度/窗口来看，这些特定状态往往会反映出特定的模式，因而涌现出一般趋势，而这些一般趋势就可以被视为特质（Csizér & Albert，2022）。

学习者个体差异因素作为一个个构念，其研究首先涉及每一构念的内容结构及测量；在此基础上，研究者们或将学习者个体差异因素作为因变量来审视，挖掘其来源或影响因素，或探究不同学习者因素变量之间的关系，或考察学习者因素变量对学习结果/学业成就的预测/影响作用(Li S. et al., 2022)，取得了丰硕的成果。近些年来，国际学界二语学习者个体差异研究呈现出四大趋势。其一，相关研究越来越细致地考察学习者因素及其各个维度在学习过程和结果的各个方面所存在的细微差别和微妙变异。这主要体现在对二语学习各个具体技能层面的考察上，例如焦虑研究除了延续对课堂焦虑/二语焦虑这一较宽泛构念的探究，针对特定语言技能的焦虑研究，如听力焦虑(Elkhafaifi, 2005; Zhang, 2013)、写作焦虑(Cheng et al., 1999; Cheng, 2004)、阅读焦虑(Saito et al., 1999; Zhao et al., 2013)、口语焦虑(Woodrow, 2006; Veenstra & Weaver, 2022)等不断涌现。又如在二语情绪研究领域，针对新兴的二语愉悦这一构念，研究者们从宽泛的二语愉悦研究拓展至任务情境下的愉悦构念(Li & Dewaele, 2024)。在二语语言学能研究方面，除了将其作为一个整体构念外，有研究者深入到发音学习方面的特定语言学能，区分了显性发音学能和隐性发音学能，并在每种类型中进一步区分了分段能力(单个发音)和超分段能力(节奏、音高、重音等)(Saito et al., 2019)。

其二，数字化环境下的二语学习者个体差异研究得到关注。正如 Li S. 等(2022)所指出，数字化环境下的二语学习与线下传统课堂二语学习所涉及的机制不同，因而各学习者因素所能发挥的作用也可能不同。例如，Peng(2022)研究发现，在传统线下课堂教学环境中，交流意愿会受到焦虑的影响，但在网络游戏和社交媒体(如 Facebook)中却不会，而且数字游戏会降低学习者的焦虑，提高他们的自我效能感。蔡晨(2023)对低水平二语学习者的网络学习情感投入进行了考察，发现在网络学习中的环境感知，包括物理给养、功能给养和人际给养等维度，都对学生情感投入有着直接预测效应。王爱静等(2024)对直播课堂环境下大学生的外语学习焦虑和自我调节策略进行了研究，发现直播课堂环境下存在独特的外语学习焦虑类型，不同焦虑水平学生在自我调节策略的使用上存在差异。

其三，随着复杂动态系统理论(Complex Dynamic System Theory, CDST)的兴起，从 CDST 视角探究学习者个体差异因素本身、其相互关系以及个体差异对学习轨迹、学习结果的影响成为新的研究趋势和重点。传统的认知视角孤立看待个体差异的某个部分或某个方面，无法揭露和解释个体差异因素的复杂性、动态性，而近年来越来越多研究从孤立研究转向互联研究(interconnectedness)，综合多个个体因素，更系统、全面地进行考察，以捕捉学习者在相关个体因素方面的细微变化和多重因素的互动效应。例如，张润晗、陈亚平(2020)考察了二语起始年龄、语言分析能力、学习动机以及学习信念四项学习者个体差异因素与二语内隐知识的关系，发现起始年龄和语言分析能力仅对二语内隐知识测量中的口头诱导模仿测试结果具有预测性，学习动机中的内在兴趣动机和学习信念中与情感状态相关的信念则对二语内隐知识测量的两项测试(口头诱导模仿测试和限时语法判断测试)均具有预测性。周丹丹、黄湘(2015)考察了二语水平、学习观念、性别三个学习者个体差异因素对二语读写任务中频次效应的影响，发现二语高水平组写作流利性、准确性和词汇复杂性都有显著提高，而低水平组无明显进步；持积极观念的学生在写作准确性方面进步显著，而持消极观念的学生没有进步；性别对频次效应基本不产生影响，男、女生组仅在词汇复杂性的进步方面存在差异，女生词汇复杂性显著提高而男生没有进步。

其四，在二语习得研究的积极心理转向背景下，学习者因素中的多元化情感主题不断涌现，尤其是新的积极情感因素，其已成为研究的重点，例如愉悦(Dewaele & MacIntyre，2014；Li C. et al.，2018；Botes et al.，2022)、坚毅(Teimouri et al.，2020；刘宏刚等，2021)、心理弹性(Kim et al.，2019；Hiver & Solarte，2021；惠良虹、冯晓丽，2023)、学业浮力(academic buoyancy)(Yun et al.，2018；Jahedizadeh et al.，2019；Saalh & Kadhim，2020；刘宏刚，2022)等。此外，研究者们越来越多地将积极情感因素与消极情感因素综合在一起研究，关注其在整个学习过程中的联动效应，与 Ellis(2022)对学习者个体差异因素簇(cluster of variables)的综合性研究呼吁相契合。

最后值得一提的是，学习者个体差异因素研究在研究方法上多采用自陈问卷。一直以来，自陈问卷的可靠性不断受到质疑(Turner，1993；Gu et al.，1995；Woodrow，2005)，但对于难以用其他方法进行测量/调查的构念(如学习者个体差异因素)，问卷仍是有效的数据获取方式(Dörnyei，2007；Dikilitaş & Griffiths，2017)。为弥补问卷所存在的局限性，可在问卷之外加入定性方法，如访谈、日志、有声思维、叙事文本等，以混合方法实现三角验证(triangulation)。另外，随着现代技术的发展，新技术手段，例如眼动追踪和脑部扫描等更加客观、即时的生理测量手段(physiological measure)，也有可能为学习者个体差异研究提供有价值的新见解(Latif, 2019；李成陈等, 2024)。

第二节 相关文献综述

目前，在二语学习者因素研究领域，对 Li S. 等(2022)四大分类(即认知、意愿、情感和社会文化/人口统计差异)中相关因素的研究不断发展，为全球外语教育教学提供了诸多有益的启示。在这些因素中，认知变量中的学习策略，意愿变量中的动机和投入，以及情感变量中的焦虑，具有举足轻重的作用。二语焦虑作为重要的学习者情感变量，影响学习者外语学习成败；学习者投入、学习策略认知与使用(包括自主学习意识、能力与实践)则是在认知、行为层面影响学生学业成绩、学习质量的决定性因素，对这三个因素的研究是促进外语教育教学、提升教学质量、助力人才培养的重要路径。接下来我们将对这三个核心变量进行简要文献综述。

一、学习者投入研究

学习动机是学习者个体差异研究领域最受青睐的核心个体差异因素，其内涵主要指向学习者语言学习的原因和目的(文秋芳、王海啸, 1996)。近些年来，在动机之外，学习者投入，即动机的行为体现这一构念，逐渐从教育心理学领域被引入二语领域，作为一项重要学习者个体差异因素受到越来越多的关注。早期二语领域与学习者投入构念相似的概念有努力程度、动机行为等。例如，崔刚等(2016：85)将努力程度定义为"学习者为了实现语言学习目标而付出的努力"，认为"努力程度高的学习者表现出更高的学习积极性以及克服困难的坚强决心和毅力"。较之努力程度、动机行为等相对单一的概念，学习者投入作为一个多维构念，更能全方位地展示和体现学习者在学习过程中认知、情感、行为、能动、社会等不同维度的学习表现情况。

二语学习是一种具有明显社会属性的认知活动(徐锦芬、杨嘉琪, 2024)，基于这一学科特性，二语领域一般采用 Philp 和 Duchesne(2016：51)对学习者投入的定义，即"高度注意和参与(involvement)的一种状态，这种状态下的参与(participation)不仅反映在认知层面，也反映在社会、行为以及情感层面"(徐锦芬、范玉梅，2019：40)。在此定义中，二语学习的社会属性被强调，于教育心理学领域学习者投入经典三维结构(即行为—认知—情感)之外增加了社会性投入，形成了二语领域的学习者投入四维结构。基于不同的侧重点，部分研究者提出了另一四维结构，将教育心理学领域新近提出的能动性投入维度(Reeve，2013)纳入考虑，与经典的行为—认知—情感维度共同构成二语学习者投入的四维结构(Oga-Baldwin，2019)。除此之外，也有研究者将上述所有五个维度综合，以期更全面地考察学习者的学习情况和过程。例如，Guo 等(2022)借鉴王文(2018)的普通教育学领域学习投入框架，将"行为+认知+情感"层面和"基于个体+基于互动"层面结合起来以构建二语学习者投入结构框架。具体而言，该研究：(1)在基于互动的维度将二语习得领域特有的社会投入(Philp & Duchesne，2016)拓展为具有社会性特征的行为、认知、情感三个维度来进行理解、描述和测量(Eccles，2016)；(2)在基于互动的行为投入维度中融入能动性投入(agentic engagement)作为一个次维度，从而既凸显学习者的能动性(Reeve & Tseng，2011；Reeve，2013)，又同时体现这一维度的行为特征(Eccles，2016；Oga-Baldwin，2019)和互动特征(Reeve，2012)，意即能动性投入存在于与教师的互动中并作出积极和建设性的行为努力。通过以上两项操作，Guo 等(2022)的二语学习者投入结构框架将认知、情感、行为、社会、能动等维度均考虑进来，是迄今为止最为全面的二语学习者投入结构框架。

二语学习者投入研究主要聚焦于该构念的内涵构成和量表开发、投入的影响因素、投入对成绩的影响效应以及投入的动态发展。在内涵构成和量表开发领域，研究者们致力于探讨凸显二语/外语学习这一特定学习情境或学科属性的学习者投入构念，取得了丰硕的成果。例如，Svalberg(2009)首先从学习者语言意识(language awareness)的视角提出"针对语言的投入"，将其定义为"学习者有意识地构建语言知识过程中的认知、情感、社会投入"(Svalberg，2018：22)。Philp 和 Duchesne(2016)则聚焦于学习者在二语课堂任务情境下的投入，后续大量任务投入研究均沿用其结构框架，通过计量任务产出总字数、话轮转换总次数等指征行为投入，通过文本分析计量语言形式相关片段(language-related episodes,

LREs)、内容点(idea units)等体现认知投入,通过问卷或访谈方式间接了解学生对任务的喜欢、愉悦、享受程度获取情感投入数据,通过计量任务互动中学习者的回述数量、学习者与同伴言语表达的重合数等来指征社会投入(如 Phung,2017;Qiu & Lo,2017;Dao & McDonough,2018;Dao,2020)。另有研究者以更广阔的整体外语课堂或外语课程作为研究情境,将二语学习者投入构念指向学习者在课堂学习过程中的投入(in-class engagement,即 engagement with classroom learning)或在这一门课程学习过程中的投入(L2 engagement,即 engagement with L2 learning)(如 Guo et al.,2022;Hiver et al.,2021a;Hoi,2022;Hoi et al.,2024)。

量表开发研究则相对比较薄弱,仅有少量的几项研究。Hiver 等(2020)最早开发了二语特定领域学习者投入量表,涵盖行为、认知和情感三个维度。Guo 等(2022)基于其二语学习者投入结构框架开发了大学英语课堂学习投入量表。Teravainen-Goff(2023)专门针对中学生开发了二语投入量表,并将投入的量和质同时纳入考量,而非仅仅关注投入的多或者少。具体来说,作者测量了学习者在多大程度上参与各方面的学习(例如与教师的互动、与同伴的互动、对课堂活动的参与、对课堂学习内容的学习等),以及他们认为这种学习体验有多大的用处和对其的满意度,前者(多大程度)用来指征投入的量,后者(有用性和满意度)则体现投入的质。Arndt(2023)专门针对非正式二语学习情境开发了学习者投入问卷(Informal Second Language Engagement questionnaire,ISLE),基于这一学习情境的特殊性,除了普遍公认的三大核心维度,即行为、认知、情感维度外,作者增加了语言投入(linguistic engagement)这一维度,凸显在非正式学习情境下学习者多大程度上有意识地专注于处理相关语言特点和提高语言技能。这一问卷的编制极有实践意义,为评估当下现代技术环境下学习者如何利用非正式学习情境提升二语能力提供了有效测量工具。近期,Liu 等(2024)则在 Hiver 等(2020)量表基础上开发了其简化版并检验了信效度。简化版的投入量表有利于满足当前背景下对投入与二语领域其他构念复杂关系研究的需求。在包含多个变量的复杂关系研究中,如果量表题项过多,会影响问卷的回收率以及答题质量。

除了上述少量针对二语领域专门编制的量表,大多数研究往往借用教育心理学领域的投入量表,如 Martin(2009)、Reeve(2013)、Appleton 等(2006)(学习者

8

投入量表，Student Engagement Instrument)。必须指出的是，二语学习有其独特的属性，学习者在其他学科(如数学、科学学科)所体现的投入特质不一定会在外语学科有所体现，而外语学科学习所需的投入特质在这些学科的投入量表中也可能未得到反映。因此，正如 Teimouri 等(2020)对非语言特定领域坚毅人格测量工具提出了质疑，我们认为，就二语学习者投入研究而言，鉴于其领域特异性(domain-specific)，需有针对性地开发二语习得特定领域学习者投入量表，为其准确测量提供有效工具。

有关二语学习者投入的影响因素研究，大多在课堂学习的任务层面展开，发现任务投入主要受到任务设计因素(如任务熟悉度、相关性等)、任务执行因素(如同伴熟悉度等)以及学习者情感态度等的影响(如 Qiu & Lo, 2017；Phung, 2017；Sulis & Philp, 2020；Namkung & Kim, 2024)。有研究从动态视角历时考察学习者任务投入变化的影响因素，发现任务相关因素、教学相关因素等共同作用引发学习者投入的波动(Aubrey et al., 2020)。就整体二语投入或课堂学习投入的影响因素而言，大量研究显示，教师教学积极性/教学热情、教师教学策略、动机提升策略、教师与学生的关系融洽度、课堂氛围等均起到显著作用(如 Hoi, 2022；Derakhshan, Dolinski, et al., 2022；Derakhshan, Fathi, et al., 2022；Dewaele & Li, 2021)。

除了单一研究某项或某几项因素对学习者投入的直接效应，随着外语研究的情绪转向，越来越多的研究在考察相关直接效应之外，进一步探究了情绪或积极心理因素在两者关系之间的作用机制。例如，李佳等(2024)在关注二语坚毅(人格特质)对同伴反馈投入的作用路径和效应机制时，将写作情绪(即写作愉悦与写作焦虑)纳入考量，进一步揭示写作情绪在二语坚毅与同伴反馈投入之间的中介效应。王幼琨(2024)通过结构方程建模，探索积极心理因素二语坚毅与学业浮力对学习投入的影响路径，发现二语坚毅正向影响学习投入，学业浮力在二语坚毅对学习投入的影响中起部分中介作用。

学习者投入对外语学业成绩的效应研究尚未取得一致性的发现，相关结论甚至出现较大差异。例如，Dincer 等(2019)从行为、认知、情感和能动性共四个维度测量了学生的英语学习投入，发现情感投入和能动性投入显著正向预测英语课程成绩，认知投入显著负向预测学生的旷课行为，而行为投入对课程成绩和旷课行为都没有预测效应。Eren 和 Rakıcıoğlu-Söylemez（2020）的研究发现仅能动性投入对学生在英语课上的成绩具有显著预测能力。Guo 等（2022）则发现非英语专业大学生仅有认知投入能够显著预测其四级成绩。Zhang 等（2020）考察了大学英语听说课程（English Listening and Speaking, ELS）背景下学生的课堂投入对其英语成绩的影响，课堂投入主要表征为行为和情感维度，成绩由学生自我报告的课程成绩来衡量。研究显示，课堂投入虽然对成绩有显著正向预测效果，但效应量很小。虽然上述研究在一定程度上证实了二语领域学习者投入对学习者学业成绩具有显著的正向预测作用，但投入整体以及投入各维度如何作用于成绩还需更为精细的研究设计和探究。

投入的动态发展研究仅处于起步阶段，该领域大多数研究采用横断设计，较少将时间维度纳入考量。仅有的几项研究中，研究者们或将研究情境设定在较短的时间尺度内，如某一单项任务完成过程中，或致力于探究在较长时间范围内，如某一课程整个学期的进展中，学习者投入的发展变化及相关影响因素。例如，Dao & Sato（2021）跟踪研究了学习者在一项交际型任务中情感投入的变化历程以及这一变化过程与其互动行为的关系。研究者采用体验抽样法，在历时 15 分钟的任务完成过程中，要求学生每隔 5 分钟汇报其投入值。研究发现，学习者的情感投入随时间经历了显著变化并在任务结束前趋于平稳，学习者情感投入的波动与其二语产出（表现在话语产出总字数、话轮转换总次数）以及合作度都具有显著相关性。Hoi 等（2024）对越南某大学 389 名英语专业学生进行了一个学期的跟踪调查，分三次收集学生的投入状况数据，并获取学生对课堂任务价值和教师情感支持的评价数据。研究发现，学习者的课堂投入在一个学期中经历了不同程度的发展变化，而且这些变化主要源于其对英语学习兴趣价值的评价差异以及对教师情感支持中敏感度维度的不同感知程度。

总体而言，鉴于学习者投入构念在定义上具有一定的模糊性，研究者们在具体开展相关研究时需在两个方面给予较为详细的界定：一是学习者投入的情境性，即学习者投入是基于某一学习任务的投入、某一堂课的投入，抑或是基于某一门课程的总体投入；二是学习者投入测量的时间尺度，即所考察的学习者投入是某一时刻所特有的状态，还是在学期甚至学年中所拥有的稳定性、长期性的投入特质（Hoi et al., 2024）。此外，学习者投入研究的最终目标是为了更好地提高外语教与学的效果，有着很强的实践导向，但学习者投入干预等实践指导意义较强的话题在本领域研究中还非常少见，在未来研究中应给予更多重视。

二、二语焦虑研究

二语焦虑研究始于20世纪80年代。受到以学习者为中心的全人发展教育理念的影响，二语学界越来越重视学习者的个体差异，尤其是情感体验差异；焦虑这一负面情感作为语言学习中最大的情感因素之一（Arnold，2005：59），成为二语学习者个体差异因素研究的热点。Horwitz等首先提出外语课堂焦虑这一构念，将其定义为"学习者因外语学习过程独特性而产生的与课堂外语学习有关、独特而复杂的自我意识、信念、情感及行为"（1986：128），认为外语焦虑由交际畏惧、考试焦虑和负面评价恐惧构成，并在此基础上构建了外语课堂焦虑量表（Foreign Language Classroom Anxiety Scale，FLCAS）。该量表由33个题项组成，为五分李克特量表，信度较高，而且与其他类型焦虑的量表数据之间存在适度的相关性（Horwitz et al.，1986）。迄今为止，FLCAS已成为二语焦虑研究中最常使用的问卷，被认为是在二语焦虑测量方面具有高信度、高效度的测量工具。大量研究者使用该量表进行测量，得出相对稳定的焦虑对外语成绩呈负面影响的结果（如Young，1991；MacIntyre & Gardner，1991；Aida，1994；郝玫、郝若平，2001；Yan & Horwitz，2008；Sheen，2008）。Dewaele和MacIntyre（2014）在FLCAS基础上构建了含8个题项的外语焦虑简化版量表，该量表尤其适用于需要考察多个变量的综合性研究，其简约性有利于减少因题项过多而导致的回收率问题或答题质量问题。

除了笼统意义上的二语焦虑或二语课堂焦虑，焦虑研究不断与特定的语言学习过程相联系，转向对不同语言加工阶段和不同技能领域的研究，例如阅读、听力、口语（包括公众演讲）及写作，从而对焦虑效应进行更为精细的分析。具体而言，在阅读技能学习中，考虑到学习者母语与目的语之间在书写系统及文化背景方面可能存在巨大差异，由此造成学习困难，Saito等（1999）开发了包含20个题项的外语阅读焦虑量表，专门用于测量二语阅读焦虑。自此，相关研究验证了二语阅读焦虑的独立性以及阅读焦虑与阅读表现/成绩之间的关系（如Matsuda & Gobel，2004；Mills et al.，2006；石运章、刘振前，2006）。除外语阅读焦虑量表之外，Zoghi(2012)从阅读过程的视角切入，构建了专门针对英语作为外语学习的阅读焦虑量表，体现了研究者对二语与外语学习情境差异的考量。该量表包括三个焦虑因子：自上而下的阅读焦虑(Top-down Reading Anxiety，TRA，针对读者)、自下而上的阅读焦虑(Bottom-up Reading Anxiety，BRA，针对文本)和课堂阅读焦虑(Classroom Reading Anxiety，CRA，针对课堂)。后续相关研究验证了这一阅读焦虑量表三因素模型的结构效度及信度(Zoghi & Alivandivafa，2014)。该量表关注阅读焦虑的情境性，其三个维度有助于教师了解学习者阅读焦虑发生在哪些情境中，从而能针对具体情境采取相应的教学举措。

就听力教学而言，Elkhafaifi(2005)基于 Saito 等(1999)的外语阅读焦虑量表开发了外语听力焦虑量表，用于测量阿拉伯语课堂中的听力焦虑，发现听力焦虑有别于普通课堂焦虑。但该研究仅计算了总体听力焦虑值，并没有考察听力焦虑这一构念的内涵结构。后续相关研究借用该量表调查了听力焦虑的性质及其与听力成绩的关系(Lee，2016；Zhang，2013)。除这一较为广泛使用的外语听力焦虑量表之外，Kim(2000)开发的外语听力焦虑量表共有 33 个题项，其内涵主要包括"对英语听力的紧张担忧"和"对英语听力缺乏信心"。通过将一组韩国 EFL 大学生的听力焦虑得分与不同的焦虑量表进行关联，研究者发现听力焦虑可以与其他类型的语言焦虑和一般人格型焦虑区分开来。Kimura(2008)对 Kim(2000)的量表进行了改编，并在日本 EFL 学生中进行了施测，通过量表因子分析得出与听力焦虑相关的三个因子：情绪化、担心和预期恐惧(代表对未来事件负面影响的担忧)。

就口语焦虑研究而言，由于外语课堂焦虑量表中部分题项聚焦于口语表达/交际引发的焦虑，研究者们对口语焦虑的测量往往选用 FLCAS 中的部分题项，相关研究发现口语焦虑与口语成绩呈中度负相关(Young，1990；Phillips，1992)。Çağatay(2015)采用 FLCAS 中的 18 个题项组成外语口语焦虑量表，发现土耳其 EFL 学生普遍具有中等程度的口语焦虑，并在与英语母语人士交际时焦虑水平更高，而且学习者焦虑水平不受其语言水平的影响。Woodrow(2006)指出，口语焦虑具有"双重概念化"这一特征，即焦虑在语言课堂内外表现不同，因此专门开发了外语口语焦虑量表，涵盖课内焦虑和课外焦虑两个维度，研究数据显示课内、课外口语焦虑均与口语成绩呈显著负相关。Yaikhong 和 Usaha(2012)以公众演讲作为典型的焦虑型口语交际情境编制了公共演讲课焦虑量表，用于测量泰国语境下 EFL 学习者在公共演讲课上的焦虑。

二语写作焦虑研究初始在很大程度上借鉴了第一语言写作焦虑研究，Cheng 等（1999）首先使用 Daly-Miller（1975）的写作焦虑量表探究二语写作中的焦虑这一负性情绪，发现二语写作焦虑与学生的写作课程成绩呈负相关。Cheng（2004）进一步开发了由 22 个题项组成的专门用于测量二语写作焦虑的量表，该量表包括三个子量表：躯体焦虑、认知焦虑和回避行为，反映了焦虑在生理、认知和行为等不同维度的表征。后续相关研究验证了二语写作焦虑量表具有良好的信度和效度（郭燕、秦晓晴，2010；Kusumaningputri et al. , 2018）。

除了在不同语言技能领域深耕，二语焦虑研究的另一大目的在于探究采用何种策略可消弭焦虑这一负性情绪，此类研究往往从以下两个视角开展：一是消弭焦虑的教学策略，例如教学设计、教学方法的改进（如张素敏，2013；Mohseniasl，2014；芮燕萍、冀慧君，2017；钟含春、范武邱，2018）；二是学习者采取的焦虑自我调控策略（如徐锦芬、寇金南，2015；Guo et al. , 2018；常海潮，2020；韩晔等，2024）。就教师教学策略而言，Dewaele 等（2018）发现，语言焦虑与教师行为的相关性不如二语愉悦强，因此，他们建议教师将重点放在创造愉悦上，而不要过于担心焦虑，因为虽然焦虑是无法消除的，但其不利影响可以通过激发积极情绪来抵消。就学生焦虑自我调控策略使用而言，常海潮（2020：55）指出，这"需要学习者充分发挥主观能动性、宏观上关注自我、掌控自我，微观上自主运用各种策略消弭学习焦虑，从而增强对外部环境的适应力，提高英语学习的自我效能感"。

近年来，复杂动态系统理论的视角在二语情感研究领域越来越受关注。在此视角下，研究者们将焦虑这一构念视为具体情境下涌现的、可能迅速变化的情感体验，其变化源于多种因素的相互作用（Gregersen et al. , 2014）。从动态的角度来看，焦虑并不是一种特质性倾向，而是对当下发生事件的持续反应，研究需关注这些反应在不同时间尺度/窗口（如几秒钟、几分钟、一项任务或整个学期）中的上升和下降情况，考察其如何发生、如何变化以及为何会发生变化（Larsen-Freeman & Cameron，2008）。除此之外，复杂动态系统理论视角下焦虑研究的另一趋势是关注焦虑与其他情感的交互关系，以及这些交互关系对学习者学习成效的预测作用。诚然，学习者个体在二语学习过程中拥有丰富的情绪情感体验，不同情绪之间可能起到相互促进或相互抵消的作用，随着二语领域的情感转向和积极转向，越来越多的研究将焦虑这一负性情绪与愉悦等正性情绪以及无聊等其他负性情绪综合起来进行研究，考察它们之间的复杂动态关系，以及它们如何交互影响相关语言学习意愿、行为或成效（如 Li S. et al.，2022；李成陈、韩晔，2022；王毓琦，2023；杨颖莉、高子涵，2024）。同时，积极心理学、教育心理学领域相关理论（如开拓-建构理论、控制-价值理论等）被陆续引入，为理解、研究这些二语学习情绪提供了坚实的理论基础。

三、二语学习策略研究

研究者们对二语学习策略研究的兴趣始于 20 世纪 70 年代，旨在探索优秀语言学习者使用的策略，以期惠及所有学习者。早期的策略研究多为描述性研究，归纳整理优秀语言学习者使用的语言学习策略（如 Rubin，1975；Stern，1975；O'Malley et al.，1985；Oxford，1990 等）。具体而言，O'Malley 等（1985）将语言学习策略分为三大类，即元认知策略、认知策略和社会策略。Oxford（1990）则根据学习策略与语言材料的关系将其分为两大类，即直接策略和间接策略，并进一步将前者细分为记忆、认知和补偿策略，将后者细分为元认知、情感和社会策略，在此基础上开发了语言学习策略量表（Strategy Inventory for Language Learning，简称 SILL）用以测量学习策略，这一量表已成为在二语学习策略研究领域最广泛使用的量表。Cohen 等（2003）则从具体语言技能学习的视角切入，将学习策略按照听、说、读、写、词汇、翻译等技能来分类。另外，他们并不采用李克特量表形式测量策略使用频率，而是邀请学习者从使用、不使用或愿意尝试的角度反思自身的策略使用情况。

除了对策略的描述分类，早期策略研究的另一大重点在于探究策略使用与学习者语言水平之间的关系。研究发现，策略使用频率与学习成绩/成就之间存在显著正相关关系（如 Dreyer & Oxford，1996；Griffiths，2003）。李文、张军（2018）对国内基于 SILL 的大学生学习策略与英语成绩相关的元分析结果显示，SILL 的 6 种学习策略与英语成绩的相关系数介于 0.193～0.301，效应量在小到中等之间，且比较稳定。另外，鉴于策的可教性，研究者们致力于进行学习者策略培训并考察其成效，指导学习策略培训途径和方法的著作、手册不断涌现。然而，该领域研究结果褒贬不一，部分研究发现语言学习策略培训的效果有限（如Wenden，1987；Rees-Miller，1993）。另一些研究则发现培训能够产生效果，但不同语言水平学生接受策略培训后在策略使用频率的提升上存在差异，高水平学生策略使用频率增高而低水平学生没有增加（Ikeda & Takeuchi，2003）。国内语言学习策略培训研究也大量展开，汇报了相对比较积极的效果（如李育，2008；欧阳建平、张建佳，2008；高黎等，2012）。

21世纪以来，学习策略研究领域因其定义不一、分类混乱、缺乏理论基础而招致严重批评（如 Dörnyei & Skehan，2003；Dörnyei，2005），而教育心理学领域的自我调节（self-regulation）这一构念的引入，一定程度上替代了学习策略概念。自我调节指学习者"以特定观念和过程来操控自己学业成就的策略性努力"（Zimmerman & Risemberg，1997：105；常海潮，2020：50），这一努力以目标为导向，主要表征为学习者的学习策略使用，横跨认知、动机、行为、情感等多个维度。学习策略和自我调节概念并非互不相容，Oxford（2017）指出，语言学习策略是自我调节学习的重要组成部分，也是实现自我调节学习的有效途径。从"学习策略"转向"自我调节"，极大地拓宽了学习策略的研究视角，从仅关注策略本体层面拓展到关注元策略，重视自我调节在学习过程中的核心作用（常海潮，2019），能够从整体、系统的视角来审视学习过程中的各种因素（滕琳等，2024）。

在自我调节学习框架下进行的二语学习策略研究主要集中在模型建构和量表开发方面，而且尤其聚焦于写作领域。例如，Teng 和 Zhang（2016）以社会认知理论和过程写作理论为基础，构建并验证了二语写作自我调节策略多维模型，包括认知、元认知、社会行为和动机调节四个维度。他们在此基础上开发了具有良好信度和效度的二语写作自我调节策略量表，为有效测评写作自我调节策略提供了可靠工具。该量表已经在二语写作自我调节策略研究中得到广泛应用。二语自我调节学习与多维变量因素之间的关系是二语自我调节学习研究的另一重点关注对象，相关研究涉及的多维变量主要包括动机信念（如 Csizér & Tankó，2017）、自我效能（如 Sun & Wang，2020；Teng，2024）、焦虑（如刘晓红等，2024）、学习投入（如 Zhou & Hiver，2022）、成长型思维（如张亚、姜占好，2024）、二语坚毅（如

Guo et al.，2023)、个人特质(如 Jackson & Park，2020)等其他学习者个体差异因素以及教师反馈(如 Yang et al.，2023)等环境因素。

学习者的策略使用往往基于不同的学习情境而有所选择或调整。正如藤琳等(2024：153)所指出，在自主学习情境下，"学习者能否有效运用各种自我调节策略来激发、保持及调整自己的认知、情感和行为，是实现学习目标的决定性因素，也是培养自主学习能力的重要抓手和路径"。因此，从自主学习情境出发进行学习策略研究具有重要的理论和实践意义。自主学习本身就包含了学习者确定学习目标、确定学习内容与进度、选择所使用方法与技术、监测学习过程、评价学习成果等要素(Holec，1981)。在徐锦芬等(2004)对自主学习的本土化定义中，亦是强调学习者自主制定与规划英语学习目标、积极并有效使用英语学习方法以及主动监控与评估英语学习过程的行为。所有这些过程和内容都可以从元认知策略的视角来看待，整体上是"学习者一种有意识地计划、监控、实行和测试反思的学习过程"(范捷平，2004：19)。自主学习与学习者的认知策略和元认知策略、动机、态度以及有关语言学习的知识等都密切相关(何莲珍，2003)，必须是建立在自主意识发展基础上的能学，具有内在学习动机基础上的想学，更是建立在掌握了一定学习策略基础上的会学和建立在意志努力基础上的坚持学(戴丽萍，2004)。也有研究者将自主学习本身(autonomy)视为学习者个体因素的一个组成部分(Arabski & Wojtaszek，2011)。因此，综前所述，本书中关于学习策略的研究涵盖一般意义上的以及自主学习情境下的学习策略研究。

第三节 全书构架

本书共分为五章。第一章绪论，概述了二语学习者个体差异研究的一般图景，综述了相关核心要素(学习者投入、二语焦虑、二语学习策略)的研究现状。

第二章聚焦二语学习者投入，在梳理相关研究文献基础上进行了批注式阅读教学干预实验，验证其对大学英语学习者投入的影响；进行了基于移动平台的大学生课外英语原著阅读投入研究。

第三章聚焦二语学习者学习焦虑，既从多维视角全方位地揭示非英语专业大学生的英语学习焦虑，又专注于写作焦虑，开展大学英语"写长法"对写作焦虑和写作能力影响作用的实验研究，进行中国非英语专业大学生的外语写作焦虑测试，并考察在大学英语分层次教学背景下学习者的写作焦虑状况。

第四章以二语学习策略为研究切入点，考察大学英语师生学习策略教授与使用的相关性，以及学习者在大学英语教材使用方面的策略情况，并以自主学习这一情境为基础，探究学习者的二语自主学习状况，具体考察非英语专业研究生在计算机网络环境下的自主英语学习以及研究生英语自主学习的能力及相关影响因素。

第五章对全书进行总结，并指出今后的研究方向。首先归纳了本书相关研究的主要发现，然后具体阐述了它们对二语习得研究及外语课堂教学实践的启示，最后对未来研究提出了一些建议。

第二章 二语学习者投入研究

本章聚焦我国非英语专业大学生的英语学习投入，重点关注如何在教育心理学及外语教育相关理论指导下进行学习者投入的干预实验，以及现代教育技术背景下学习者的投入状况。

第一节 批注式阅读教学对大学英语学习者投入的影响

一、引言

学习者投入，即"学习者在学习活动中积极参与的程度"（Reeve，2012：150），是任何学习（包括二语学习）的必要条件，缺乏学习者投入将难以产生真正有意义的学习（Christenson et al.，2012）。学习者投入具有可塑性（Mercer & Dörnyei，2020），基于这一重要特征，该领域研究的核心目的之一在于探索并找到"帮助学习者更加投入地学习、改进课堂语言学习成效的方法"（何享、周丹丹，2022：83）。然而，无论在普通教育学还是二语教育领域，投入干预实验研究都极其有限。在已有研究中，基于基本心理需求理论开展的干预研究汇报了较好的干预效果（如 Reeve et al.，2019；Cheon et al.，2020）。这一理论在二语习得领域的适用性也得到了验证（如 Zhou et al.，2022，2023；范玉梅、龙在波，2022），但迄今为止该理论视角下的投入干预实验研究几乎处于空白（Al-Hoorie et al.，2022）。本研究尝试通过充分挖掘批注式阅读教学在满足学生基本心理需求方面的优势，开展基于批注式阅读教学的学习者投入干预实验，采用定量和定性研究相结合的方法，考察该教学模式能否对大学英语学习者投入产生影响以及如何产生影响，以期为大学英语阅读教学提供有益启示。

二、文献综述

（一）学习者投入及其干预

学习者投入是一个多维构念，至少涵盖三个核心维度，分别为行为（学生参与学习活动的外显可观察指标，如学习时长）、情感（学习者在学习过程中产生的积极和消极情感反应）和认知（学习者针对学习活动所付出的心智努力、相关学习策略的使用等）（Hiver et al.，2021b）。研究表明，学习者投入具有可塑性，易受到众多内、外部因素的影响，其中外部因素包含一系列社会环境因素，例如社会文化、家庭、学校、课程、课堂、具体学习活动或任务等，内部因素则包括学习者的动机、精神、情绪状态等。当这些内部因素及外在的学习情境或环境都处于适当状态时，学习者投入的量与质可以得到提升（Hiver et al.，2021a）。

研究者普遍关注动机这一内部因素，认为动机是投入产生的直接前置变量（Mercer & Dörnyei，2020）。Reeve 和 Jang（2022）指出，投入干预的重心应放在动机上，而非直接放在投入行为上，这两者之间的关系如同马（动机）与车（投入）的关系。基于自我决定理论中的基本心理需求理论，能否满足学生基本心理需求（即自主、能力和关系需求）是影响学习动机能否顺利内化的关键因素（Ryan & Deci，2017）。普通教育学领域的研究显示，教师营造自主支持性教学环境（Reeve et al.，2019）、加强能力支持（Cheon et al.，2020）、优化关联性支持（即关系需求维度的支持），能有效提升学习者投入。在二语教育领域，基本心理需求理论的适用性也得到了验证，基本心理需求满足感与学生学术英语学习能动性投入显著相关（范玉梅、龙在波，2022），对学生投入的动态发展有重要影响作用（Zhou et al.，2022），教师自主支持（VS 教师控制）、基本心理需求满足以及课堂投入三者之间具有交互关系（Zhou et al.，2023）。这些研究均显示，如果在外语课堂创设自主、能力、关系需求支持性的教学环境，极有可能增强学习者基本心理需求满足感，进而提升其课堂投入。这一因果关系尚需得到相关于预实验研究的验证，但目前为止，二语教育领域投入干预实验研究几乎空白。

（二）批注式阅读与学习者投入

作为解释和理解文本的一种手段，批注式阅读强调阅读者自身对文本的独特领悟，批注式阅读教学则旨在引导学习者将阅读过程中的所思、所想、所感外显化，激发其作为阅读主体的能动性和创造性。理论上而言，批注式阅读教学在个体基本心理需求满足方面具有巨大潜能。首先，其核心要义是凸显学习者主体意识，使其成为阅读或学习的主人，从而彰显学习者的自主需求。其次，要让学生真正成为阅读或学习的主人，其前提是帮助学生掌握阅读或批注方法，从而回应能力需求。再次，在教学过程中，师生俱是平等的阅读者、批注者、对话者，他们共同营造英语阅读共同体，从而呼应关系需求。

已有批注式阅读研究多侧重于考察其对阅读理解水平的影响作用（如 Yeh et al.，2017），从投入视角切入的实证研究相对匮乏，且仅有的两项研究结果还不一致。Kohnke 和 Har（2022）采用数字化批注平台 Perusall 组织英语阅读教学，发现数字化批注有助于提升学生的阅读投入；Law 等（2020）在法语课程融入数字化批注（eComma），发现除极少数学生外，批注式阅读活动中学生投入并不高。通过对比这两项研究，我们发现前者通过积极引导、支架提供、及时反馈等措施突出对学生批注行为的认知支持，而后者对批注的要求（仅数量要求）以及提供的认知支持等都相对缺乏。因此，批注式阅读是否及如何影响学习者投入值得进一步探究，尤其有必要厘清实施过程中哪些因素会促进或阻碍学生投入，以使其更好地服务于阅读教学。

综上，本研究基于基本心理需求理论，从教师教学方法改革入手，设计和实施批注式阅读教学干预实验并检验其成效。具体研究问题如下：（1）与传统讲解式教学相比，批注式阅读教学能否提升大学英语学习者投入？（2）如能，批注式阅读教学中的哪些因素促进了学习者投入？

三、研究方法

(一)被试

本研究被试是华中地区一所部属重点高校 4 个大学英语班级的 115 名学生,他们分别来自医学、光电、电信和软件专业。所有班级由同一位教师任教(教龄 23 年),每两个班上课时段相连(如上午 1~2 节一个班,3~4 节一个班)。出于便利原因,上课时段相连的两个班分别划入实验组和对照组(医学、光电为实验组,58 人;电信、软件为对照组,57 人)。该校大学英语课程周学时为 4,其中 2 学时侧重读写,2 学时侧重听说。第一次课进行了作文测试,独立样本 t 检验显示两组间未见显著差异($t = 0.952$, df =113, $p = 0.343$),表明两组学生英语水平基本一致。

(二)干预实验设计与实施

实验组读写课采用批注式教学,对照组采用传统课文讲解。实验共持续 9 周,涵盖综合教程 2 个单元。实验组与对照组各单元教学时长、教学材料、补充材料完全相同,听说课及其他方面(如课外网络自主学习、MOOC 学习等)都保持一致。

批注式阅读教学强调学生在三个阶段的主动性与投入度,即课前预习性个体批注、课中分享性集体批注和课后补充资源回应批注。通过这三个阶段的任务/活动设计,教师不断引导学生并给予学生大量实践机会。在此过程中,教师尤其加强对学生能力需求的支持,针对批注活动/任务给予清晰、易懂、明确和详细的指示,提供批注式阅读支架指导学生的批注活动,并对学生的批注提供建设性的反馈(Jang et al.,2010)。学生通过与文本对话、与教师对话、与同学对话,最终实现对课文主题的深度理解和对课文相关语言知识的掌握与运用。

具体而言,教师在三个阶段针对学习者基本心理需求满足各有侧重:

(1)个体批注阶段:强化能力需求支持(即认知支持)。教师通过使用批注示例讲解批注方法,为学生提供有效的批注支架(如基本的批注类型:阐释、赏析、质疑、感悟、联想等），然后在此基础上布置批注任务并明确相关要求。

（2）集体批注阶段：重点关注能力需求和自主需求。教师或通过示范、分享自己的批注供学生参考借鉴（如第一单元），并以此为基础展开讲解和讨论；或随机邀请学生进行批注展示（如第二单元）并适时反馈，以推动生师、生生之间基于文本的对话。师生通过互动共同构建起针对课文主题、逻辑架构、语言特色、可学习语言点等的知识，互动的基础在于学生及教师作为个体的自主性阅读体验，充分体现出整个课堂氛围的自主性，同时营造了生师、生生之间友好、协作的交流环境和团体归属感。

（3）补充资源回应批注阶段：进一步回应学生的自主需求。针对课堂对话中发现的重难点问题，教师为学生提供大量音视频及文本资源，鼓励其课后进一步自主挖掘，从而筑牢、拓展其理解、领悟和应用。

在对照组，按照传统方法，教师在课堂上讲解课文结构、单词、句子，也会邀请学生讲解词句、分析文章大意结构、分享词汇学习方法等，但其主要目的在于活跃气氛、进行课堂师生互动等，以避免整堂课教师"一言堂"。

（三）研究工具

本研究采用自我汇报式投入问卷考察不同教学模式下学习者的投入程度，采用反思日志进一步获取关于学习者投入及投入影响因素的质性数据。参考 Oga-Baldwin（2019），我们将大学英语学习者投入视为一个宽泛概念，即学习者为实现语言课堂学习目标而实际花费的所有精力，既包含课堂中表现出来的参与各项学习活动的行为，也包含课外所付出的努力。投入问卷改编自 Zhou 和 Hiver（2022），从行为、情感、认知三个维度考察学生课堂投入程度。采用李克特 6 分量表，1 代表非常不积极，6 代表非常积极。经检验，量表信度较好（Cronbach's $\alpha = 0.774$）。反思日志则涵盖课内、课外所有学习投入，要求学生用文字阐述实验阶段两个单元学习过程中的所思、所做、所感。

（四）数据收集与分析

研究者于第八周邀请学生在课间填写学习投入量表，当即收回；于第九周邀请学生撰写反思日志，规定一个星期内完成。所有定量数据输入计算机，运用 SPSS 20.0 进行描述性统计和独立样本 t 检验；所有定性数据按照实验组与对照组分开整理，采用行为、情感、认知投入的内涵概念自上而下编码，进而形成各个维度投入的主题并统计其数量。这两组数据用于回答研究问题一。进一步对定性数据进行探索性的、影响学习者投入差异相关因素的主题分析，以回答研究问题二。由于本研究重心在于阅读教学，编码/主题分析仅关注与读写教学相关的部分。

四、结果

(一) 实验组与对照组投入差异

从表 2-1 可以看出，参照 Oxford 和 Burry-Stock (1995) 对李克特 5 分量表的划分，即平均值等于或高于 3.5 为高频使用、介于 2.5 和 3.4 之间为中等程度、等于或低于 2.4 为低频使用，本研究中实验组三个维度投入值都接近或达到高频值 (4.2；6 分量表)，说明实验组学生在大学英语课堂的投入非常积极；对照组三个维度投入值则都低于实验组，处于中等程度。

表 2-1　　　　　　　　　　实验组、对照组课堂投入描述性统计

		范围	均值	标准差	偏度	标准误	峰度	标准误
实验组 (58 人)	行为投入	1~6	4.017	1.100	−0.281	0.314	0.166	0.618
	情感投入	1~6	4.207	1.072	−0.519	0.314	0.320	0.618
	认知投入	1~6	4.035	1.025	−0.475	0.314	0.493	0.618
对照组 (57 人)	行为投入	1~6	3.667	1.024	0.203	0.316	−0.036	0.623
	情感投入	1~6	3.965	1.210	−0.370	0.316	−0.118	0.623
	认知投入	1~6	3.790	0.977	−0.391	0.316	0.257	0.623

独立样本 t 检验显示，实验组与对照组三个维度的投入值均无显著差异 (见表 2-2)。

表 2-2　　　　　　　　　实验组、对照组课堂投入独立样本 *t* 检验

测量指标	*t*	df	*p*
行为投入	1.769	113	0.080
情感投入	1.136	113	0.258
认知投入	1.311	113	0.192

　　定性数据显示，实验组反思日志中体现的各维度投入高于对照组(具体见表 2-3)，尤其是行为投入维度，不仅在数量上显著高于对照组，而且在质上也呈现了非常显著的差异。首先，批注行为时间可能长达一小时甚至更多，例如："每个周二、周四或其他时间的晚自习写英语作业时，预习精读课文往往需要一个小时来完成。"(光电，S27)；"从深入地学习每一个单词，到一遍又一遍地做 annotation，还有练习听力、背诵单词，都有认真在做，花费的时间真的超多。"(光电，S01)。其次，批注过程所涵盖的内容非常丰富，例如：标注生词、初步理解文章大意；理解长难句，查阅、标注文化差异，了解作者隐含的意义；注释段落大意、自己的观点、感想；查阅单元生词表；完成课本上的练习；观看课本上预习版块的视频、积累相关表达和背景知识；厘清文章脉络、结构和整体内容；记忆标注的重点单词；等等。

　　这说明实验组学生批注过程中的投入并不停留在粗浅的词汇学习和课文大意理解上。他们更多地进行主动思考，查阅资料以理解文化差异，探究作者隐含的意义；厘清文章脉络结构，把握整体内容，形成整体思维；开启与作者的对话，表达自身作为非本族语读者的所思、所想、所感。相比而言，对照组的预习较为单薄，预习行为仅局限于查单词和读课文，例如："不太明白自己预习应该做些什么，就看看单词，翻译句子之类的"(软件，S05)；"预习的话可能需要再深入些，不仅仅只是读课文、背单词"(软件，S07)。上述行为投入在质上的差异在一定程度上反映了实验组学生行为投入过程中的认知投入质量更高，其认知努力在方式上体现了多样性和深入性，与表 2-3 中认知投入维度的编码数据相呼应。

表 2-3 反思日志中各维度投入编码统计

维度	对照组	节点数	实验组	节点数
行为投入	预习	21	做批注	29
			非批注的课前预习	2
	认真听讲	8	认真听讲	15
	完成作业	18	完成作业	16
	记忆/积累词汇	7	记忆/积累词汇	9
	做笔记	3	做笔记	6
	课后复习	2	课后复习	4
	参与展示	1	进行展示	3
			其他(早读课文;查阅主题相关资料并背诵;练笔)	4
	总计:60		总计:88	
情感投入	满意、肯定	5	满意、肯定	6
	对同学展示认同、肯定	1	对同学展示认同、肯定	1
	充满热情	2	英语学习乐趣	2
			师生关系融洽	1
			愿意付出更多努力	1
	总计:8		总计:11	
认知投入	元认知策略(有规划地预习、复习)	1	元认知策略(制订英语学习计划;将新颖的学习方法和技巧运用到自己的学习中去)	2
	元认知策略(从同学展示中学习词汇、方法、观点,反思和积累经验、规避问题)	5	元认知策略(从同学分享中学习从更多角度考虑问题)	1
	词汇学习策略(尝试通过写作运用新词汇)	1	词汇学习策略(在词汇理解上探究普遍规律,加深对词汇学习的理解;记忆单词时先关注单词拼写、再主攻单词意思;将词汇、短语、例句分开积累,做到有条理地记录学习)	3

续表

维度	对照组	节点数	实验组	节点数
认知 投入			课文处理策略(记录不一样的观点;遇到不懂的外国文化知识,综合不同资源信息,总结能说得通的答案;思考、理解课文每句话的闪光点并进行作用分析;做批注时有意识地思考文本的结构,结合老师给的问题进行思考;遇到不了解的知识去查找资料,不忽略知识盲区;通过查阅资料努力丰富和完善自己的能力和思维)	6
		总计:7		总计:12

(二)实验组与对照组投入差异的影响因素

通过反复研读学生的反思日志,我们发现对照组和实验组学生对如何预习或做批注(即行为投入)的阐述存在较大差异。对照组学生基本未提及课前预习的价值、作用、方法,仅仅为预习而预习,以至于"知道预习是预习了,单词也的确背了,但是实在不熟悉原文"(电信,S01),或是"有时预习很全面,但是上课之后的感受和没预习差不多(每次预习感觉都不在点上)"(电信,S10);与之形成鲜明对比的是,实验组学生能清晰感知到做批注的价值、作用、方法,他们如是反思:

"老师在精读课的一、二单元主要强调的是做批注的方法与重要性,在我自己做展示、做作业的过程中,我切实感受到了做批注对于精读的重要性。"(光电,S14)

"最让我受益的是关于做批注的方法,通过做批注,我可以清晰地了解课文的结构和中心,对相关的知识点进行深入的了解,也对外国人的日常生活有了更多的了解。"(光电,S18)

"在英语课堂上最大的收获之一是明白了如何提前预习课文,老师给我

们做了很多典范展示，让我明白了许多课文标注的方法。"（医学，S09）

同时，很多实验组学生详细地阐明其批注过程，展示其对批注方法学习的效果，例如："课前预习我会读三遍文章，第一遍先将生词标注，并初步理解文章大意，第二遍我会在边页处做批注，对文章长难句进行注解，第三遍我会根据文章内容上的文化差异查阅资料，了解作者本身想表达的含义。"（光电，S06）部分学生即使未详细阐释，也至少说明了自己在批注时进行的生词整理、长难句分析以及段落主旨提炼。学生反思日志中的这些投入差异很好地体现了批注式阅读教学与传统课文讲解存在的主要差异，即批注式阅读教学的批注任务目标、要求及做法明确，教师对如何批注进行了深入而细致的引导，并在课堂上以批注为中心开展教学；而传统课文讲解的课前预习任务则比较笼统，未提出明确的目标和形式，也未有相应的方法教授。这一教学方式差异成为导致实验组与对照组投入差异的核心影响因素。

五、讨论

本研究发现，虽未达到显著性差异，但实验组学生在行为、情感、认知三个维度的投入都高于对照组，而且反思日志质性数据表明实验组学生在行为和认知维度尤其体现了更高水平的量和质，这与 Kohnke 和 Har（2022）的研究结果一致。从量的方面来说，实验组学生在批注/预习上用时更多。一般说来，学习者任务用时越多，其行为投入越大（范玉梅，2019：30）。从质的方面来说，实验组 29 位学生能清楚阐释其将读、思、查、写有机结合的做注流程，很好地展示了其批注能力、对批注活动的积极认知以及在批注活动中认知努力的深度和广度。而对照组中，尽管有 21 位同学提到了课前预习，但学生并不清楚预习到底意味着什么、包含哪些要素，仅凭自己的模糊认知和过往学习经验查单词、读课文，没有明晰的目标、内容和方法感知，以至于投入质量不高。

实验组学生之所以能高质高量地投入，主要在于批注式阅读教学模式中教师明确批注任务要求和目标并提供具体指导。例如，通过批注支架辅助学生从不同角度审视分析阅读材料、给予课堂示范和反馈等，这与 Kohnke 和 Har（2022）在数字化批注阅读教学中采取的积极引导、支架提供、及时反馈等措施相一致。这些清晰、明确的批注指令和具体、细致的方法指导为学生提供了高质量的认知支持,从而使其基本心理需求之一的能力需求得到了更好的满足,因而对任务完成产生更积极的控制评价(control appraisal)。除此之外,实验组课堂教学以批注为中心,与学生课前个体批注行为紧密结合,使学生充分认识到批注对课堂学习、整体语言学习的重要性以及批注带来的语言、思维、文化拓展等各方面的促学作用(value appraisal),从而产生积极认知。他们从内心真正重视这一学习方式,因而更愿意(want to)而不是被迫(have to)进行批注行为,体验自主需求的满足感。基于控制-价值理论(Pekrun, 2006),当学生既有能力驾驭这一任务,又对任务价值有着明晰的认知时,该任务会引发积极学业情绪,对学生而言也更容易转化为积极给养,激发其学习动机、形成投入动力,从而产生有目的、有意义、更持久的学习投入行为。本研究通过实验证明,立足于基本心理需求满足的教学策略在提升外语学习者投入方面具有积极成效。通过在挑战性活动/任务与支架支持之间达成平衡,教师可将学习者对能力和自主的需求转化为引导学生持续投入、有效投入的能量源泉(Hofkens & Pianta, 2022)。

投入量表的数据和反思日志质性数据所体现的投入程度(量和质)并不完全一致,这可能是由于投入量表与反思日志在投入范围上的差异所致。投入量表侧重于课堂,反思日志涵盖课内、课外,这说明无论是实验组还是对照组,在大学英语学习中针对课堂上的投入都比较重视,但涉及到为课堂做好准备从而达成更佳课堂学习效果,实验组的投入调动得更为充分,而且这一投入很有可能有助于学生真正达成实质性投入(substantive engagement)(Nystrand & Gamoran, 1991)。另一方面,实验组与对照组在投入量表上之所以差异不显著,也可能与实验周期不够长(9周)有关。这一结果反映了投入干预的过程性和耗时性,正如 Reschly 和 Christenson(2022)所指出的,提升学习者投入是一个过程,不可能一蹴而就,学习者行为不会因为一两次干预就完全改变。从研究方法角度来看,量表虽然具有简单、便捷等优势,但无法具体、细致地描述学习者在各维度投入的一些重要特征,在揭示学习者投入状况方面较为单薄,需进一步开发对微小变化敏感的测量工具以动态监测干预效果(Reschly & Christenson, 2022),从而助力课堂教学策略革新的不断优化。

另外值得注意的是,尽管总体而言实验组行为、认知投入的量和质都得到了显著提升，但部分学生认识到自己在批注过程中仍局限于"查词汇、翻译文章和一些简单的总结，并没有深入研究文章的构成和背景文化，也没有提出自己的质疑和独到的见解"（医学，S11）。也就是说，学习者的深度认知投入仍然有较大的提升空间，而深度认知投入是帮助学生达成实质性投入的核心维度（任庆梅，2023）。基于这一问题并结合数字阅读时代学生数字原住民的显著特征，未来在确保能力支持、自主支持的前提下，我们可以立足于学习者的关系需求满足，结合数字化批注平台开展批注式阅读教学。通过在平台上给予学生进行个体批注以及互批、互学、互帮的机会，数字化批注可促使学生获得更多的生生、生师互动，从而缩小交互距离，有效促进学生投入（惠良虹、冯晓丽，2023）。同时，学生在这一过程中也能产出更多结合自身体验的独到理解与感悟，成长为互动参与中的深度认知者。

六、结语

本节探索并验证了批注式阅读教学对学习者投入提升的有效性。在两个单元的阅读学习中，相比传统讲解式教学对照组，批注式阅读教学实验组在行为、情感、认知投入方面都更积极，而且在行为和认知投入维度表现出更高水平的量和质。该教学模式对学生能力需求和自主需求满足的达成是促进其投入提升的核心要素。该研究对大学英语阅读教学有如下启示：（1）批注式阅读教学可有效融入大学英语教学。通过给予学生明确的批注目标、适切的内容支架等认知支持，通过以批注任务为中心在课堂上促发基于批注的社会互动，这一教学模式可使学生针对批注任务的主观控制评价以及价值评估都处于积极状态，从而激发其积极、主动、有效地参与到与阅读文本、与教师、与同伴的互动过程中来，从被动的阅读者、学习者转变为主动的阅读者、学习者。（2）在教学改革中，仅赋予学生知识建构方面的主动权和个性化学习机会是远远不够的。明晰的目标、适切的支架等认知支持是促进学生主动建构和个性化学习的必要条件。

本研究存在以下不足之处：（1）出于研究伦理考虑（侯俊霞、赵春清，2018），干预实验仅持续9周，仅涵盖2个单元的教学。针对批注式阅读教学是否在提升学习者投入方面具有持续的效应，还需在更长时间窗口(如1个学期、1个学年)进行验证。后续研究可采用单组准实验设计，从而避开研究伦理问题。

(2)仅考察了学习者在投入不同维度的干预实验效应，但促进学习者投入的终极目标是为了促进其语言发展。鉴于此，后续研究可将学习者语言发展变量纳入考量，探究批注式阅读教学模式在促进学习者投入的同时，是否有助于其语言发展或语言质量的提升。

第二节　基于移动平台的大学生课外英语原著阅读投入研究

一、引言

阅读在英语素质培养中占有重要地位，尤其是在 EFL 环境下，大量阅读能够提供可理解性输入（Krashen，1985），促进词汇习得（张宪、亓鲁霞，2009），发展学习者二语概念系统（Jiang，2002），对二语能力提升具有举足轻重的作用。随着移动信息技术发展，移动平台为学生阅读提供了极大便利，阅读得以时时发生、处处发生。我国越来越多的高校已将基于移动平台的课外阅读项目纳入外语课程，旨在加强学生的课外自主阅读能力，培养积极阅读态度，提升外语语感。然而，对于学生在线外语阅读的投入状况，我们却知之甚少。投入是学生学业成绩、学习质量及相应教育质量的关键预测指标（Christenson et al.，2012），对移动技术辅助学习者二语发展的有效性产生重要影响。本研究以我国某高校移动平台课外英语原著阅读项目为切入点，考察分析学生的阅读投入状况，为改善移动平台辅助外语教学效果提供实证依据。

二、相关研究综述

学习投入指学习者在学习活动中积极参与的程度（Reeve，2012）。投入是一个多维构念，在普通心理学领域最具代表性的投入概念结构是行为（外显的行为表现与付出）、认知（内隐的心智努力和策略使用）、情感（态度和情感体验）投入三维模型（Fredricks et al.，2004）；在二语习得领域，除行为、认知、情感投入外，社会投入（人际互动和支持）作为第四维度被引入，体现学习者对课堂任务全方位的关注和参与程度（Philp & Duchesne，2016）。投入构念的多维性意味着学习者在各维度的表现可能不一致，且不同情境下各维度可能相互促进或抑制（竞争)(Philp & Duchesne,2016)。诸多内、外部因素会影响投入的量与质(徐锦芬、范玉梅,2019),其中性别是不可忽视的因素之一。相关研究发现,日本小学女生的英语投入比男生积极,内在动机也显著更高(Oga-Baldwin & Nakata,2017);中国大学女生基于互动的行为和认知投入较男生更为积极(郭燕,2020)。

二语习得领域学习投入研究主要从语言投入、反馈投入、学习投入(任务投入和课堂投入)等视角展开。具体技能(skill-specific)视角的学习投入及其影响因素研究具有重要价值(Hiver,Al-Hoorie et al.,2021b),但外语学科中学习者听、说、读、写不同语言技能学习的投入方式与状态差异性却没有得到充分考察。陈英(2019)聚焦课堂口语参与,张凯等(2021)探究了学习者情感因素对课堂合作学习投入的作用机理,然而相关研究大多测量单一维度投入(如行为投入),未能从多维视角全方位考察投入的质量。

阅读投入构念在国外一语研究领域广受关注。早期研究侧重于行为的单一维度,后期逐渐由单维向多维发展,涵盖行为(如投入时间坚持阅读)、情感(如在阅读中感受快乐)、认知(如为促进文本理解付出心智努力)、社会(如与老师、同伴分享阅读体验)等多个维度(Guthrie & Klauda,2016),反映学习者对阅读活动的全面、深度参与。就二语阅读研究而言,在国外动机研究仍占主导地位,而更侧重实际行为的投入构念(Hiver,Mercer et al.,2021c)还未得到应有的重视。国内二语阅读投入研究也才刚刚起步。李丽等(2019)采用质性访谈,参照国外相关量表编制了针对我国非英语专业大学生的本土化英语阅读投入测量工具,证实了非母语情境下阅读投入构念也具有"情感—行为—认知"多维属性。不过这一量表立足于普通纸质阅读情境,可能不适合在线阅读学习情境。

二语领域的阅读投入研究相对缺乏,课外在线阅读投入研究更是鲜见,滞后于当前日益普及的学生在线学习/阅读现状。本研究依托华中地区某高校大学英语教学中基于移动平台的课外英语原著阅读项目,考察学生在课外英语阅读中的多维投入,以弥补阅读投入研究的不足,具体回答以下问题:

(1)大学生基于移动平台的课外英语原著阅读各维度投入状况如何?

(2)学生不同维度阅读投入之间的关系如何?

(3)不同性别学生在各维度阅读投入上是否存在差异?

三、研究方法

(一)基于移动平台的大学生课外英语原著阅读项目简介

基于移动平台的大学生课外英语原著阅读项目的理念在于让学生自主沉浸于一定量的英语原著阅读,积极参加阅读相关的提问和交流(发帖、回帖),完成阅读思考与英语写作(阶段性检测题),从而提高学生英语语言能力和自主学习能力。之所以选择英语原著,是因其能提供"间接且真实"的丰富语境(王初明,2007:197)。

阅读平台是好策读书系统,英语原著涵盖文学作品与非文学作品,文学作品以小说体裁为主,一共 9 本(*Flipped*,*The Great Gatsby*,*And Then There Were None*,*The Da Vinci Code*,*How to Win Friends and Influence People*,*My Country and My People*,*Silent Spring*,*Steve Jobs*,*The Joy Luck Club*)。学生可自主选择 1 本阅读,如果某本书选择人数过多,则由系统随机分成小组进行管理。阶段性检测题包括期初 1 次朗读作业(自选 300 词以上段落朗读并上传)、期中 1 次章节概要作业(就所阅读章节撰写 150 词以上概要)和期末读书报告(就全书撰写 600 词以上读书报告)。

(二)被试

被试是华中地区一所部属重点高校的 2017 级非英语专业大学生,他们都已学习英语至少 7 年,在本研究进行时即将完成第一学期的常规大学英语学习。大学英语课程每周 4 学时,2 学时侧重读写,2 学时侧重听说,另要求课外完成 1 本英语原著阅读,阅读表现占课程综合成绩的 10%。具体而言,从学生中随机抽取共 500 名学生开展问卷调查,有效完成问卷的学生为 466 名(有效率为93.2%),其中男生 326 名(占 70.0%),女生 140 名(占 30.0%)。

(三)研究工具

借鉴 Philp & Duchesne(2016)的任务投入概念,本研究将课外在线阅读投入界定为学习者在课外在线阅读中高度注意和参与的状态,包括认知、社会、行为、情感等维度卷入的强度和体验的质量。为全面考察学生在阅读项目中的投入情况，突破单纯问卷测量的局限性，我们基于阅读投入各维度构念内涵（Christenson et al. , 2012；Guthrie & Klauda，2016；Philp & Duchesne，2016），设计了多元测量工具体系（见表2-4）。该体系中，数据的客观性得到优先考虑，行为投入和社会投入维度的客观测量指标如表2-4所示。

表2-4 　　　　　　　　　　　阅读投入测量方式

维度	测量指标（子维度）	数据来源
行为投入	1）周平均阅读时间；2）检测作业完成总词数	学生自我汇报+平台学习数据
认知投入	1）概要作业文本认知过程分析；2）读书报告文本认知过程分析	研究者分析
社会投入	1）发帖、回帖总次数；2）发帖、回帖总词数；3）发帖、回帖讨论成绩（以发帖、回帖次数及帖子热度计分，帖子热度以同学回帖量计算）	平台学习数据+平台自动评分（百分制）
情感投入	阅读项目、阅读互动交流、阅读过程、阅读价值4个子维度	自拟问卷

认知投入和情感投入较难直接、客观地评估。对于认知投入，我们基于"语言与认知层次之间的映射关系"（王泰等，2020），借鉴 Valcke 等（2009）、赵春等（2020）的做法，按照布卢姆认知过程的记忆、理解、应用、分析、评价、创造6个层级（Anderson & Krathwhol，2001），对学生的概要作业和读书报告文本进行内容分析，给予1至6分评分，以思考的深入程度来衡量学生付出的认知努力。评分越高，说明高阶认知处理越充分，认知越指向深度学习或思考。针对情感投入，则采用自拟问卷测量。情感投入问卷借鉴范玉梅（2017）的同伴互动学习者情感投入问卷、Egbert（2003）的任务感知问卷，将情感投入细分为对阅读项目、阅读互动交流、阅读过程、阅读价值的情感状态，采用李克特5分量表形式（选项1至5依次代表从"完全不同意"到"完全同意"），含有21个题项。6道反向题统计数据时反向赋分。探索性因子分析结果与问卷设计的理论构想一致，内在信度分析显示量表整体内部一致性系数为0.928，4个分量表的内部一致性系数分别

为 0.916、0.793、0.794、0.729，表明量表整体及各维度的内在信度都较高。问卷还设置一道开放题，请学生描述课外英语原著阅读活动的感受，以获取定性数据。

(四)数据收集与分析

我们提取有效完成问卷的 466 名学生的概要作业和读书报告文本、平台学习和自动评分数据。文本分析由第一作者和一位二语习得方向博士研究生分别独立完成，共同核对后对分歧之处通过讨论取得一致意见。所有数据通过 SPSS 20.0 进行统计分析。描述性统计分析被试各维度投入状况，相关性分析考察不同维度投入之间的相互作用，独立样本检验分析性别对各维度投入的影响。

对数据先进行正态分布检验(秦晓晴，2003)，Kolmogorov-Smirnov 检验结果显示阅读投入所有变量都呈非正态分布，因此采用非参数检验方法，即 Spearman 相关性分析和独立双样本检验(Mann-Whitney U Test)，以确保数据统计分析效能。

四、研究结果

(一)课外英语原著阅读各维度投入程度

表 2-5 显示，学生在行为投入上的时间均值为 2.46 小时，且完成作业平均总词数(1267.80)大于阅读项目要求(1050)，说明该维度投入处于中等程度。学生对开放题的回答也反映了他们在阅读行为上的投入，比如第 131 号学生说道："整体来说还不错，每天晚上都花一个小时阅读英语原著，感觉挺好的。"

表 2-5　　　　课外英语原著阅读各维度投入描述统计表($N = 466$)

	子维度	最小值	最大值	平均值	标准差
行为投入	自我汇报周阅读时间	0.00	18.00	2.46	2.125
	完成作业总词数	0.00	5114.00	1267.80	392.052
认知投入	概要作业文本认知评分	0.00	4.00	1.81	0.949
	读书报告文本认知评分	0.00	6.00	2.30	0.939

续表

	子维度	最小值	最大值	平均值	标准差
社会投入	发帖、回帖总次数	1.00	18.00	6.26	2.371
	发帖、回帖总词数	83.00	1900.00	531.85	232.566
	发帖、回帖讨论成绩	23.88	99.16	71.73	6.562
情感投入	阅读项目积极情感	1.00	5.00	3.69	0.729
	阅读互动积极情感	1.00	5.00	3.58	0.739
	阅读过程积极情感	1.00	5.00	3.13	0.916
	阅读价值积极情感	1.00	5.00	3.51	0.633

在认知投入维度，学生平均得分不到 2.5，说明大多数学生的阅读尚局限于意义的记忆和理解。但是，也有部分学生认识到"写评论很考验语言技巧和阅读深度"，从而尽力在写作中展现出阅读时的深层次思考，在记忆、理解的基础上结合个体经验与经历积极进行认知处理，分析、评价甚至建构自己的独特认识。

在社会投入维度，学生发帖、回帖总次数（6.26>6）和发帖、回帖总词数（531.85>480）均超过项目要求，发帖、回帖讨论平均成绩为 71.73 分，说明该维度投入总体处于中等程度。

在情感投入维度，参照 Oxford 和 Burry-Stock（1995）李克特 5 分量表中平均值等于或大于 3.5 为高频使用的标准，学生情感投入总体处于较高水平（总体均值为 3.54），尤其对阅读项目持积极肯定态度，对阅读互动和阅读价值认同感也较高，阅读过程体验则处于中等程度。学生对主观题的回答印证了他们较高的情感投入。第 207 号学生这样表示："我认为本学期课外英语原著阅读对我帮助很大。这可以说是我看完的第一部英语原著，感觉对英语的认识程度加深了，对英语的兴趣也提高了。"

（二）不同维度阅读投入之间的关系

对 4 个维度 11 个子维度投入的双变量 Spearman 相关性分析显示，行为投入中的周阅读时间与情感投入所有 4 个子维度呈显著正相关，与其他维度没有显著相关关系(见表 2-6)。这一方面说明时间投入与积极情感相互促进，另一方面表明时间投入的增加并不带来认知和社会投入的相应增加。行为投入中完成作业总词数与认知投入中的读书报告文本认知评分、社会投入的全部 3 个子维度都呈显著正相关，说明作业上的行为投入会促成认知深入和互动质量提升。

表 2-6　　　　　　　　　　双变量 Spearman 相关分析结果

	自我汇报周阅读时间	完成作业总词数	概要作业文本认知评分	读书报告文本认知评分	发帖、回帖总次数	发帖、回帖总词数	发帖、回帖讨论成绩	阅读项目积极情感	阅读互动积极情感	阅读过程积极情感	阅读价值积极情感
自我汇报周阅读时间	1.000										
完成作业总词数	-0.054	1.000									
概要作业文本认知评分	0.029	0.060	1.000								
读书报告文本认知评分	-0.022	0.119*	0.238**	1.000							
发帖、回帖总次数	-0.018	0.122**	0.020	0.050	1.000						
发帖、回帖总词数	-0.005	0.242**	0.012	-0.036	0.590**	1.000					
发帖、回帖讨论成绩	0.009	0.164**	0.102*	0.078	0.310**	0.349**	1.000				
阅读项目积极情感	0.210**	0.058	0.045	0.076	0.062	0.088	0.072	1.000			

续表

	自我汇报周阅读时间	完成作业总词数	概要作业文本认知评分	读书报告文本认知评分	发帖、回帖总次数	发帖、回帖总词数	发帖、回帖讨论成绩	阅读项目积极情感	阅读互动积极情感	阅读过程积极情感	阅读价值积极情感
阅读互动积极情感	0.223**	0.024	0.037	0.014	0.060	0.063	0.090	0.646**	1.000		
阅读过程积极情感	0.100*	0.036	0.056	0.046	0.012	0.028	0.037	0.611**	0.392**	1.000	
阅读价值积极情感	0.168**	0.075	0.047	0.024	-0.001	0.001	0.051	0.649**	0.562**	0.483**	1.000

** 在 0.01 水平上有显著性差异　　* 在 0.05 水平上有显著性差异

认知投入中的概要作业文本认知评分与社会投入中的发帖、回帖讨论成绩呈显著正相关，表明学生的阅读越深入，发帖、回帖热度越高，越能吸引同伴与之互动。情感投入与认知投入、社会投入的任何子维度均不显著相关。

(三)不同性别学生各维度阅读投入差异

对男生、女生 4 个维度的 11 个子维度投入进行了独立双样本检验(见表 2-7)，结果显示，在认知投入的两个子维度上女生都显著高于男生，效应量分别为 0.172 和 0.312，属于小到中效应量(Cohen，1988)。在阅读投入的其他维度上，男生、女生则不存在显著性差异。这说明女生对阅读的认知处理较男生更为深入。

表 2-7　　　　男生、女生阅读投入认知维度的独立双样本检验结果

	概要作业文本认知评分	读书报告文本认知评分
曼·惠特尼 U	18191	14699
威尔科克森 W	71492	68000
Z	-3.713	-6.732
渐进显著性(双尾)	0.000	0.000

注：分组变量为性别。

五、讨论

(一)各维度阅读投入程度

本研究中，学生英语阅读的情感投入处于较高水平，表现为积极的态度和评价；行为和社会投入处于中等程度；认知局限于记忆和理解，深层次投入不够。作为情境化的社会心理活动，学习投入"源于外部背景和个体内部心理的相互作用"(马蓉、王牧华，2020：77)，尤其是自主需要、能力需要和归属需要(Ryan & Deci, 2017)的满足程度。课外自主阅读项目给予学生充分自主性，并在全体新生及教师中构建阅读共同体，共建、共享、共成长，使学生产生一种归属感。多数学生之前从未接触过英语原著阅读，全新的任务形式和认知挑战让他们跃跃欲试。在这种外部背景与个体内部心理的相互作用下，学生自然可能表现出一定程度的投入。然而实际阅读过程中，由于学生词汇量过小而原著生词过多(开放题部分被屡屡提及)，词汇量欠缺导致胜任力不足，能力需求(Ryan & Deci, 2017)没能得到较好满足，学生付诸行为、社会互动方面的投入仅维持中等水平，认知仅满足于能够理解，情感投入中对阅读过程积极情感的得分也只是中等。这说明在投入某项活动过程中，学生即时、当下的学习体验对投入程度起到相当大的影响作用，与 Guo 等(2020)针对课堂任务完成过程中的动机发展研究、郭燕(2020)针对大学生英语课堂学习投入研究的结果一致。此外，认知投入维度的研究发现符合普通教育心理学领域其他学科在线学习(如李爽等，2016)、混合学习(如马婧，2020)情境下的投入研究结果，说明知识的应用和拓展是学生在线学习普遍薄弱的环节。

部分学生在行为、认知维度呈现零投入。零投入学生的开放题回答显示，对英语原著缺乏阅读兴趣是导致零投入的主要原因。相较于外部情境，这类学生的个体内部心理对学习投入产生了更重要的影响，印证了 Bai 等(2022)的观点，即兴趣这一心理和情感变量能直接而显著地预测学生课堂行为投入。尽管部分学生没有阅读也没有完成检测题，其社会投入最小值却并非为零，说明他们在无任何阅读的前提下，参与了阅读相关的互动交流。由此，或许我们可以从围绕阅读的人际互动视角出发，以互动作为阅读的起点并将其贯穿整个阅读过程，打造更积极互联的外在环境，从而使阅读对无/低阅读投入个体产生吸引力，培养和提升他们的情境兴趣，在情境兴趣不断强化的过程中促发阅读行为，并进一步发展相对稳定的个体阅读兴趣(Hidi & Renninger, 2006)，实现外部动机向内在动机的调节与转化。

(二)不同维度阅读投入之间的关系

本研究发现，行为维度的时间投入子维度与情感投入所有子维度显著正相关，完成作业总词数子维度与社会投入所有子维度以及认知投入的一个子维度显著正相关；认知与社会投入在一个子维度上显著正相关。这部分证实了学习投入各维度不是相互独立，而是相互重合、相互依赖的(Christenson et al., 2012)，也表明了二语情境下阅读投入的社会属性及情感因素的重要性，二语阅读过程受到语言、认知、情感、社会等多种因素的综合影响(Grabe & Stoller, 2011)。需要指出的是，情感投入与认知、社会投入在任何子维度上都不显著相关。这可能源于我国外语阅读情境的两个特点：一方面，一直以来，学生的阅读学习经历以理解为主，教师并不要求更深入的认知处理；另一方面，阅读通常被认为是一种接受性技能，属于个体行为，互动感、交际感不强，学生受传统观念影响可能更侧重阅读行为本身而忽略社会维度，对阅读的积极情感可能更容易转化为阅读行为量的增加（如投入更多时间阅读），而非与他人互动。因此，阅读投入中的积极情感很可能并不直接作用于认知努力和社会互动，而需以行为投入作为中介发挥间接效应。这一发现与课堂口语任务情境下投入各维度相互依存、相互影响的论断(Philp & Duchesne, 2016)相左，凸显了情境在学习投入各维度相互影响中的作用，印证了从具体技能视角研究外语学习投入的必要性(Hiver, Al-Hoorie et al., 2021b)，响应了情境化探究学习者个体差异（学习投入）的倡导（如 Philp & Duchesne, 2016）。

(三)性别差异

本研究中，性别在认知维度产生显著效应，女生投入显著高于男生，说明即使男生和女生对阅读项目同样抱有积极情感且付出同等时间和行为努力，女生实际更专注于阅读的深层次应用、分析、评价和建构，表现出更深入、更有成效的参与。这与二语领域女性往往更有内在学习动机、更加努力学习的研究结果一致（如 Oga-Baldwin & Nakata，2017；郭燕、徐锦芬，2014），也符合女生在课堂学习中基于互动的认知投入更积极的观点（郭燕，2020），体现出女生更重视和善于从课堂情境的人际互动、课外阅读情境的文本互动等不同类型互动中获得给养与发展。女生的这一二语学习特征也可能源于偏综合的场依存型学习风格（field dependence）（Oxford，1995），她们会更多依赖周围环境和他人来解决问题。

六、结语

本研究从多维视角对基于移动平台课外英语原著阅读项目中大学生的阅读投入进行了考察，发现 4 个维度中情感投入程度较高，行为、社会投入处于中等程度，认知局限于理解层次；行为投入的两个子维度与情感、认知和社会投入的某个或多个子维度显著正相关，认知与社会投入也在一个子维度上显著正相关，但情感投入与认知、社会投入在任何子维度上都不显著相关；性别在认知投入上具有显著效应，在其他维度则无显著效应。

移动学习已经成为一种趋势。关于如何促进学习投入，我们建议在开发、设计、实施相关在线学习项目时更多考虑学生的个体差异，从自主需求角度提升动机，从能力需求角度增强效能（empower），从归属需求角度加强互动，使学生能真正体验"既可理解，又引人入胜"（Krashen et al.，2018）的自主阅读。考虑到学生对书籍数量、类型等方面的期望，可提供更多书籍选择以促发学生内在动机，使其更充分、更持久地投入阅读活动。针对词汇量不足导致胜任力不足、自我效能感降低这一问题，可借助技术提供更多在线支持，例如便捷的在线查词功能；更重要的是，可着力培养学生阅读过程中的自我调节学习能力（徐锦芬、黄子碧，2020），比如加强策略培训以引导学生保持适当的歧义容忍度。此外，针对行为、认知维度零或接近零投入的学生，应充分利用在线数据的即时性优势加强动态干预，第一时间识别此类学生并助其逐步提升学习投入。

本研究的认知投入维度只测量了认知处理的深浅程度，未测量学生阅读时为达到深度阅读和意义构建而采取的相关策略，未来研究可综合文本分析与策略问卷调查，以更全面地考察学生认知投入。除此之外，可对学生不同维度投入状况开展动态历时研究，探索学生在线学习投入对语言动态发展的影响效应、学生在线学习投入自我调控策略、教师提升学生在线学习投入的动机策略及其他相关策略与方法，从而增强在线学习成效。

第三章　二语学习者学习焦虑研究

本章聚焦我国非英语专业大学生的二语学习焦虑，首先对其进行了多维考察，涉及不同语言技能学习情境及课堂学习情境，然后重点关注写作焦虑，包括写作焦虑这一构念的结构验证、大学英语分层次教学对写作焦虑的影响效应以及大学英语"写长法"这一教学干预对学习者写作焦虑和写作能力的影响作用。

第一节　非英语专业大学生英语学习焦虑多维度研究

一、引言

20 世纪 70 年代以来，焦虑作为情感因素中影响语言发展最主要的因素之一（Arnold，2005：59），逐渐成为国内外二语习得研究的重要内容。近四十年的焦虑研究主要涉及焦虑本质、焦虑量表研制、焦虑对成绩的影响以及焦虑的相关因素等方面（施渝、徐锦芬，2013：60）。外语课堂焦虑量表以及听、说、读、写语言技能学习焦虑量表已发展得较为成熟，但大多数研究只是针对其中某一方面，综合 5 个维度的全面、系统的研究十分鲜见。由此，本研究尝试通过问卷对我国高校非英语专业大学生不同维度的英语学习焦虑进行调查，比较分析学习者不同维度学习焦虑的差异，以期为改善大学生英语学习效果提供实证依据。

二、相关研究综述

作为学习者心理和情感变量之一，外语学习焦虑是影响外语学习成败的一个重要因素。国外早期外语学习焦虑研究主要关注焦虑概念、理论背景及其对学业成就的影响。Horwitz 等(1986：128)将外语学习焦虑定义为"学习者因外语学习过程的独特性而产生的一种与课堂外语学习相关的独特而复杂的自我意识、信念、情感及行为"，并在此基础上构建了"外语课堂焦虑量表"(Foreign Language Classroom Anxiety Scale，FLCAS)，用于测量外语学习焦虑的广度和深度。

"外语课堂焦虑量表"的诞生结束了无标准化语言焦虑测量工具研究的历史。之后，大量研究通过这一量表发现外语学习焦虑普遍存在，并与成绩呈负相关(如 MacIntyre & Gardner，1991；Aida，1994；Yan，1998；Horwitz，2001)。但随着研究的发展，研究者发现该量表主要针对课堂上口语表达引发的焦虑，因而质疑其无法准确测量其他语言技能学习焦虑(如 Phillips，1992；Aida，1994；Cheng et al.，1999)。相关研究开始探讨课堂焦虑与语言技能学习焦虑的关系、语言技能学习焦虑状况以及相应量表的编制。Saito 等(1999)构建了"外语阅读焦虑量表"(Foreign Language Reading Anxiety Scale，FLRAS)，Cheng(2004)编制了"二语写作焦虑量表"(Second Language Writing Anxiety Inventory，SLWAI)，Elkhafaifi(2005)在 Saito 等(1999)的"外语阅读焦虑量表"基础上设计了"外语听力焦虑量表"(Foreign Language Listening Anxiety Scale，FLLAS)。这些研究发现，阅读、写作及听力焦虑普遍存在，并分别与阅读、写作、听力成绩呈负相关。Woodrow(2006)采用自制问卷调查了 275 名学习高级学术英语课程学生的英语口语焦虑，但其问卷侧重于调查在不同场合说英语口语焦虑的程度，而非英语口语学习的焦虑。

就国内研究而言，石运章、刘振前(2006)采用 Saito 等(1999)的"外语阅读焦虑量表"调查发现，中国大学生外语阅读焦虑程度明显高于美国初学外语的大学生，并与大学英语四级考试和阅读理解成绩呈显著负相关，男生、女生阅读焦虑差异显著，课堂焦虑则无显著差异。郭燕、秦晓晴(2010)采用 Cheng(2004)的"二语写作焦虑量表"，通过问卷调查和访谈发现，写作焦虑在大学生中普遍存在，并与写作成绩呈显著负相关，学生关于外语写作能力和总体语言能力的自我评价对写作焦虑产生显著效应。周丹丹(2003)采用自制问卷调查了 96 名英语专业学生的听力焦虑、控制焦虑的情感策略以及两者对听力成绩的影响。张宪、赵观音(2011)使用探索性和验证性因子分析对 Elkhafaifi(2005)的"外语听力焦虑量表"进行了构念分析及效度检验，推进了该量表在中国的本土化。巫文胜

(2009)、巫文胜等(2009)编制了"大学生口语焦虑自我图式问卷",通过对 734 名大学生进行调查,发现口语学习焦虑总体上以消极型口语焦虑为主,男生比女生更趋向消极。

上述研究均是对外语学习焦虑的某一单个维度进行研究,对与语言技能学习相关不同维度焦虑的研究相对较少。Sila(2010)采用改编后的"外语课堂焦虑量表"调查了 160 名土耳其学生在口语、听力、阅读、写作和语法学习方面的焦虑状况,但仅限于课堂学习焦虑,且各技能维度的题项过少(各 4 个题项),可能无法有效测量各维度焦虑的核心特质和特性,不足以全面、准确地反映学生外语学习各维度焦虑状况。国内还没有全面探索外语学习各维度焦虑的研究。本研究以华中地区一所部属重点高校的非英语专业大学生为研究对象,采用问卷的方式,调查大学生的课堂和听、说、读、写 4 项技能学习共 5 个维度的英语学习焦虑状况,以推进外语学习焦虑研究,为外语教学提供有益启示。

三、研究设计

(一)研究问题

本研究主要回答以下问题:

(1)大学生在大学英语课堂和听、说、读、写技能学习共 5 个维度上的焦虑状况如何?

(2)大学生的英语学习焦虑在不同维度上是否存在差异?

(3)男、女大学生在不同维度的英语学习焦虑上是否存在差异?

(二)被试

本研究被试是华中地区一所部属重点高校的非英语专业大学生。他们来自机械、通信、能源、环境、管理、中文、社会学、法学等院系,所学专业涉及文、理、工等学科。这些学生学习英语至少都已有 7 年时间,在本研究进行时即将完成大学第一学年的常规英语学习。大学英语课时为每周 4 课时,2 课时侧重读写,2 课时侧重听说。

（三）研究工具

本研究共使用 5 份量表，分别考察课堂、听力、阅读、口语和写作 5 个维度的学习焦虑。课堂维度焦虑测量采用 Horwitz 等（1986）的"外语课堂焦虑量表"，听力焦虑测量采用 Elkhafaifi（2005）的"外语听力焦虑量表"，写作焦虑测量采用 Cheng（2004）的"二语写作焦虑量表"，阅读焦虑测量采用 Saito 等（1999）的"外语阅读焦虑量表"，口语焦虑测量采用巫文胜（2009）的"大学生口语焦虑自我图式问卷"。这些量表都较为成熟，已经过不少研究的检验。除用中文编制的口语焦虑量表外，其他所有英文量表均翻译成中文以使学生准确理解问卷。所有量表均采用李克特 5 分量表制计分，每题下设从"完全不符合我的情况"（1 分）到"完全符合我的情况"（5 分）5 个选项。所有反向题在数据统计时反向计分。被试各量表的得分越高，表明其焦虑程度越高。

（四）数据收集与分析

本研究共发放问卷 457 份，回收有效问卷 453 份，问卷有效率为 99.12%。在 453 份有效问卷中，男生问卷占 60.5%，女生问卷占 39.5%。所有问卷数据运用 SPSS 17.0 进行统计分析，通过探索性因子分析探讨各维度焦虑的主要因子，通过描述性统计分析了解被试 5 个维度的焦虑状况，通过单因素重复测量方差分析考察被试不同维度的焦虑是否存在差异，通过独立样本 t 检验分析男、女生不同维度的焦虑是否存在差异。

四、研究结果

（一）各量表因子分析结果

考虑到本研究被试与各焦虑量表研究不同，我们对 5 份量表都进行了因子分析。课堂、写作、阅读、口语、听力焦虑量表的 KMO 检验值分别为 0.909、0.902、0.848、0.924 和 0.890，均大于 0.800，且 Bartlett 球形检验结果显著（$p=0.000<.05$），表明数据适合做因子分析。接着，对各量表进行主成分分析，分析过程遵循以下要求：（1）如果某一变量同时在两个或两个以上因子上具有大于

0.30 的负荷量且差距不大,则将其从量表中剔除。(2)一个因子至少应由 3 个观测变量来解释,如果观测变量少于 3 个,则将其剔除。因子分析得出课堂焦虑量表包含 6 个因子,分别将其命名为表达焦虑、课堂教学焦虑、测试与评价恐惧、英语课态度、自信恐慌、说英语环境忧惧。写作焦虑量表包含 4 个因子,分别将其命名为回避倾向与课堂教学焦虑、写作紧张感、写作主动性、自信及评价忧虑。阅读焦虑量表包含 3 个因子,分别将其命名为语言理解焦虑、阅读学习困难、阅读自信程度。口语焦虑量表包含 4 个因子,分别将其命名为担心负性评价与低自尊、低自信、低自我效能感、低主动倾向。听力焦虑量表包含 3 个因子,分别将其命名为语言理解焦虑、听力自信、听力学习态度与信念。

对 5 份量表的内在信度分析结果显示,课堂焦虑量表的整体内部一致性系数为 0.910,写作焦虑量表为 0.872,阅读焦虑量表为 0.813,口语焦虑量表为 0.925,听力焦虑量表为 0.857,表明 5 份量表的内在信度都较高。

(二)不同维度英语学习焦虑的程度

在李克特 5 分量表制中,平均值等于或高于 3.5 为高频使用,介于 2.5 和 3.4 之间为中等使用,等于或低于 2.4 为低频使用(Oxford & Burry-Stock,1995:12)。描述性统计结果显示,被试总体焦虑处于中等水平(总体均值为 3.0297),各个维度的焦虑也处于中等水平($m_{课堂焦虑}$ = 3.0966;$m_{写作焦虑}$ = 3.0233;$m_{阅读焦虑}$ = 2.9256;$m_{口语焦虑}$ = 3.0752;$m_{听力焦虑}$ = 3.0279),说明总体和 5 个维度的焦虑在大学生中普遍存在。各维度焦虑状况见表 3-1。

表 3-1 **各维度焦虑描述统计**

维度	因子	人数	平均值	标准差
课堂焦虑	表达焦虑	453	3.1140	0.81371
	课堂教学焦虑	453	2.5452	0.71962
	测试与评价恐惧	453	3.3679	0.83615
	英语课态度	453	2.9305	0.74888
	自信恐慌	453	3.2958	0.94869
	说英语环境忧惧	453	3.3263	0.89527

续表

维度	因子	人数	平均值	标准差
写作焦虑	回避倾向与课堂教学焦虑	453	2.4577	0.76491
	写作紧张感	453	2.5986	0.82429
	写作主动性	453	3.8197	0.79047
	自信及评价忧虑	453	3.2171	0.92881
阅读焦虑	语言理解焦虑	453	2.5842	0.79505
	阅读学习困难	453	3.0194	0.64487
	阅读自信程度	453	3.1731	0.74526
口语焦虑	担心负性评价与低自尊	453	2.7801	0.77180
	低自信	453	3.5182	0.74197
	低自我效能感	453	3.1224	0.81131
	低主动倾向	453	2.8801	0.84401
听力焦虑	语言理解焦虑	453	2.8831	0.78791
	听力自信	450	3.4419	0.75975
	听力学习态度与信念	450	2.7550	0.75350

在课堂焦虑维度上，测试与评价恐惧因子、说英语环境忧惧因子、自信恐慌因子的焦虑均接近高频程度，而课堂教学焦虑因子只略高于中等程度的下限，说明学生在听教师说英语、教师纠错、课堂发言、听懂课堂讲授内容、为考试做好准备等方面的实际课堂学习焦虑并不强烈，而在担心出错、担心考试不及格、认为其他同学比自己强等评价与自我知觉方面存在较严重的恐慌。由此可见，课堂焦虑主要源于学生对自身不自信以及对目的语准确使用和考试的担心。

在写作焦虑维度上，写作主动性因子的焦虑值高达 3.8197(反向赋分)，说明学生写作练习的主动性非常差。学生在自信及评价忧虑因子上的焦虑值也接近高频范围，表明他们写作信心不足，担心教师的评价。回避倾向与课堂教学焦虑因子的得分则只略高于低频使用的临界值 2.4，这可能是因为大学英语教学中无显性写作教学，写作任务一般在课下完成，较少限时写作。此外，由于作业一般用于评定平时成绩，学生不能也不敢不写，因此回避倾向并不严重，但除完成硬性规定的作业外，学生无主动练习写作的意识和行动。

在阅读焦虑维度上，阅读自信程度的焦虑值接近高频范围(反向赋分)，说明学生对自身阅读能力不自信、不满意。学生较多认同在阅读学习上存在困难(均值大于3)，普遍反映能看懂每个词，但不懂句子和篇章的意思，对阅读过的内容印象不深，对阅读理解所需的英语文化、观念等觉得陌生。这说明大学英语阅读教学有必要突破字词层面，提供更多篇章层面的阅读指导与练习。

在口语焦虑维度上，低自信因子的焦虑值大于3.5，说明学生对自身英语口语水平感到失望，没有成就感。他们还表现出接近高频程度的低自我效能感，认为口语学习不容易，口语水平很难提高。同样，在听力焦虑维度上，听力自信因子的焦虑值也在高频范围内(反向赋分)，体现了学生对自身听力能力的不自信和不满意。

(三)不同维度英语学习焦虑的差异

我们对学生5个维度的焦虑值进行了单因素重复测量方差分析。Mauchly球形检验结果显示 $p = 0.000 < 0.05$，不满足球形分布假设，因此在被试内效应检验结果表中查看 Greenhouse-Geisser 和 Huynh-Feldt 二者 p 值的平均值。这一平均值小于0.05，F值为12.960，说明不同维度焦虑的差异具有统计学意义(Stevens，1992，转引自秦晓晴，2003：231)。具体而言，多重比较检验结果(见表3-2)显示，被试的课堂焦虑最强，并显著高于阅读和写作焦虑；写作焦虑与口语、听力焦虑无显著差异，但显著高于阅读焦虑；阅读焦虑最低，且显著低于其他4个维度的焦虑；口语和听力焦虑都略低于课堂焦虑，并与其无显著差异。

表3-2　　　　　**英语学习焦虑5个维度的多重比较检验结果表**

(I) 焦虑	(J) 焦虑	均值差 (I-J)	标准误	显著性 概率([a])	差分的95% 置信区间([a])	
					下限	上限
总体课堂 焦虑	总体写作焦虑	0.073(*)	0.023	0.018	0.007	0.139
	总体阅读焦虑	0.171(*)	0.025	0.000	0.100	0.242
	总体口语焦虑	0.021	0.025	1.000	−0.048	0.091
	总体听力焦虑	0.069	0.027	0.098	−0.006	0.143

续表

（I）焦虑	（J）焦虑	均值差（I-J）	标准误	显著性概率(ª)	差分的95%置信区间(ª)	
					下限	上限
总体写作焦虑	总体课堂焦虑	−0.073(*)	0.023	0.018	−0.139	−0.007
	总体阅读焦虑	0.098(*)	0.024	0.000	0.031	0.164
	总体口语焦虑	−0.052	0.029	0.702	−0.133	0.029
	总体听力焦虑	−0.005	0.028	1.000	−0.082	0.073
总体阅读焦虑	总体课堂焦虑	−0.171(*)	0.025	0.000	−0.242	−0.100
	总体写作焦虑	−0.098(*)	0.024	0.000	−0.164	−0.031
	总体口语焦虑	−0.150(*)	0.028	0.000	−0.227	−0.072
	总体听力焦虑	−0.102(*)	0.024	0.000	−0.171	−0.034
总体口语焦虑	总体课堂焦虑	−0.021	0.025	1.000	−0.091	0.048
	总体写作焦虑	0.052	0.029	0.702	−0.029	0.133
	总体阅读焦虑	0.150(*)	0.028	0.000	0.072	0.227
	总体听力焦虑	0.047	0.028	0.866	−0.030	0.125
总体听力焦虑	总体课堂焦虑	−0.069	0.027	0.098	−0.143	0.006
	总体写作焦虑	0.005	0.028	1.000	−0.073	0.082
	总体阅读焦虑	0.102(*)	0.024	0.000	0.034	0.171
	总体口语焦虑	−0.047	0.028	0.866	−0.125	0.030

＊均值差值在0.05水平上有显著性差异

a 对多个比较的调整：Bonferroni

（四）男生、女生各维度英语学习焦虑的差异

对男生、女生总体、各维度以及各维度因子焦虑的独立样本 t 检验显示，在口语焦虑的低主动倾向因子上，男生的焦虑显著强于女生，在总体、5个维度以及各维度其他因子上，男、女生的焦虑则无显著差异。这说明男生比女生更不主动练习口语，具体见表3-3。

表 3-3　　　男生、女生口语焦虑低主动倾向因子的独立样本 t 检验结果

		方差齐性检验		均值方程的 t 检验						
		F 值	显著性概率	t 值	自由度	显著性概率(双尾检验)	均值差	均值标准误	95%置信区间	
									下限	上限
口语焦虑因子 4：低主动倾向	方差齐性	0.656	0.418	3.343	451	0.001	0.26813	0.08022	0.11049	0.42578
	方差非齐性			3.337	378.431	0.001	0.26813	0.08035	0.11014	0.42613

五、讨论

(一)各维度焦虑程度

本研究发现，被试总体和各个维度的焦虑都处于中等水平，分别与 Saito 等 (1999)、石运章和刘振前(2006)的阅读焦虑研究，Elkhafaifi(2005)、周丹丹 (2003)的听力焦虑研究，Cheng(2004)、郭燕和秦晓晴(2010)的写作焦虑研究，巫文胜等(2009)的口语焦虑研究结果一致，说明非英语专业大学生在英语课堂和技能学习中普遍存在焦虑。具体到英语学习焦虑的 5 个维度，严重程度不一，从高到低依次为课堂、口语、听力、写作、阅读焦虑，验证了外语焦虑的相关理论设想，如外语学习焦虑是"与课堂外语学习相关的自我意识、信念、情感及行为" (Horwitz et al.，1986：128)，口语是最易引发焦虑的因素(Young，1986，1990；Phillips，1992；李炯英，2004)。这表明教师在不忽略听力、写作、阅读等技能学习焦虑的同时，需特别关注学生的课堂和口语学习焦虑。

在 5 个维度的焦虑中，课堂焦虑最为明显，并显著强于阅读和写作焦虑。究其原因，主要有三：其一，已有研究发现焦虑的 6 种潜在源中有 4 种与课堂有关，即教师的语言教学观念、师生互动方式、课堂活动设计安排和测试(Young，

1991：427）。在被试所在的大学，大学英语教师的语言教学观念（语言为交际服务）、师生互动方式（大量师生互动、生生互动，如课堂回答问题、小组活动、结对活动等）、课堂活动设计（口头展示、小组讨论、项目式学习等）和测试（小测验、期末笔试、口试）都凸显出课堂口语实践的重要性，而课堂口头展示和在同伴面前说英语容易引发焦虑（Woodrow，2006：319；Kim，2009：153），因此上述焦虑的潜在源对学生产生了更明显的焦虑效应。其二，从社会学视角来看，课堂具有社会性和交互性。社会性指课堂中的教师评价与反馈、同伴评价以及考试形式产生的社会评价等；交互性指课堂师生互动和生生互动的人际交流。学生对这两者非常敏感，个体自尊心与自信心容易受挫，从而导致焦虑。相对而言，阅读和写作学习较少具有社会性和交互性，学生自我掌控程度较高，因此其焦虑体验低于课堂。其三，作为高校必修课，大学英语课堂表现的好坏影响大学生平时成绩和期末测试，进而影响其奖学金评比、毕业、就业等重要事件，因此学生在高度关注大学英语课程的同时焦虑情绪较为明显。鉴于课堂焦虑的测试与评价恐惧因子得分最高，要减少学生的课堂焦虑，有必要从此入手，改善大学英语课程的学业评价方式，将终结性评价和形成性评价从冷冰冰的分数转变为更为人性化的个体学习情况分析与反馈，使评价为学生的学习进步和成长服务，减少评价带给学生的压力。

（二）课堂焦虑与阅读焦虑

值得一提的是，本研究中母语为汉语学习者的英语学习课堂焦虑与阅读焦虑差异显著，这一结果与 Saito 等（1999）、Zhao 等（2013）的研究结果不一致。Saito 等（1999）发现母语为英语学习者在学习日语时的阅读焦虑与课堂焦虑几乎相等，但在学习法语和俄语时阅读焦虑明显低于课堂焦虑，因此提出如果学习者的母语与目的语在书写系统上差异显著，学习者会经历相似程度的课堂和阅读焦虑。Zhao 等（2013）也发现母语为英语的美国大学生在学习汉语时的课堂焦虑与阅读焦虑没有显著差异。对于本研究结果与上述研究结果不一致这一现象，我们认为被试的外语学习年限差异起着主要作用：本研究的被试已学习英语至少 7 年，尽管目的语英语与其母语汉语在书写系统上存在显著差异，他们也已比较熟练地掌握了英语的书写系统，能使用英语阅读所需的单词解码和识别机制（Perfetti &

Liu，2005；Bernhardt，1990，转引自 Zhao et al.，2013：766-767），而 Saito 等（1999）、Zhao 等（2013）研究中的被试均是日语和汉语初学者，初学一种全新的书写系统并掌握、运用完全不同的单词解码和识别机制对其造成巨大困难，因而导致较严重的阅读焦虑。由此，他们提出的相关解释可能只适用于外语初学者，而且需要更多其他外语语种学习实证研究来验证。

虽然本研究中大学生的阅读焦虑显著低于课堂焦虑，且在 5 个维度中焦虑值最低，但仍然高于 Saito 等（1999）、Zhao 等（2013）的研究，这可能是阅读材料的难度造成的。有研究发现，随着阅读材料难度增加，学习者的阅读焦虑随之上升（Zhao et al.，2013：773）。本研究中学生的阅读材料，即大学英语教材中的文章均选自英美国家真实语料，对词汇量和文化背景知识要求较高，而在 Saito 等（1999）、Zhao 等（2013）的研究中，学生的阅读任务和学习内容相对简单。与石运章、刘振前（2006）的研究结果相比，本研究被试的阅读焦虑水平也偏高。这可能是因为他们研究中的被试是二年级学生，本研究的被试是一年级学生，处于从高中应试教学（侧重词汇、测试）向大学能力教学（侧重应用）过渡期间，阅读学习困难更突出，对自身阅读能力的自信更低。同时，这也说明学生的焦虑会随着年级的递增发生变化。巫文胜等（2009）发现大学生外语口语焦虑状态分布存在显著年级差异；Elkhafaifi（2005）发现修读第三学年阿拉伯语课程大学生的焦虑感显著低于修读第一、二学年课程的学生；李燕芳等（2010）则发现小学儿童的课堂焦虑随着年级的变化而变化。由此看来，有必要对某一被试群体的外语学习焦虑做动态跟踪研究，探索焦虑的变化规律及其影响因素。

（三）各维度焦虑与自信相关的因子

在各维度焦虑中，课堂焦虑中的自信恐慌因子、写作焦虑中的自信及评价忧虑因子、阅读焦虑中的阅读自信程度因子、口语焦虑中的低自信因子、听力焦虑中的听力自信因子等与自信相关因子的焦虑值都接近或高于高频程度。Cheng 等（1999）指出，缺乏自信心是外语写作和课堂焦虑的重要成分；刘梅华（2011）认为，说外语过程中的低自信是外语学习焦虑的形式之一。而本研究发现，不自信因子是外语学习焦虑所有 5 个维度构念的重要组成部分。根据 Bandura（1977）的自我效能理论，不自信的学习者容易放弃、敏感脆弱、焦虑不安，而在二语学习中,学生如果缺乏自信,更容易低估自身语言学习能力,从而降低对自己表现或成绩的期望,对学习任务产生消极退缩心理,阻碍学习进步,并进一步降低自信心,形成语言学习的恶性循环。大学英语教师要充分意识到学生的外语焦虑可能不在于语言本身的理解或表达,而更可能源于懦弱、缺乏自信,因此帮助他们减轻焦虑的首要任务是增强其自信,比如同伴、教师等重要他人应多给予学生鼓励、肯定、解决问题而非批评挖苦的评价,在教室、学校营造互相合作、互相帮助、互相欣赏、不以考试成绩论英雄的学习环境,从而为学生提供更多形成积极自我概念的机会以铸造自信。

（四）性别差异

本研究发现,在口语焦虑的低主动倾向因子上性别差异显著,男生的焦虑强于女生,这与巫文胜等(2009)的研究结果一致。对此,我们可从两方面进行解释:其一,语言学习优势。王雪梅(2006)研究发现,EFL学习者在听力、阅读、写作等方面不存在性别差异,但在口语和语用方面,女生在一定程度上优于男生;陈立平等(2005)对修正标记语使用的调查也表明,女生的英语口语运用能力显著好于男生。因此,与男生相比,女生可能在自己具有优势的英语技能学习上排斥心理较少,主动性更强。其二,社会心理感知。女性的社会角色和地位、社会对女性语言水平及能力的期待、女性的职业取向等多种社会文化因素使得女性对待外语学习的态度更积极(王莉梅,2008:40),相关实证研究也证实了这一点。袁凤识、肖德法(2003)发现女生的学习取向较积极,显著强于男生;王莉梅(2008)发现女生课堂参与程度高于男生,参与性质也更积极;包桂影、谢芸(2010)发现具有融入型学习动机的女生显著多于男生;李淑静等(2003)发现女生的内在兴趣动机显著强于男生。由此,出于更积极的学习动机和态度,女生整体上具有更为积极的外语口语自我图式。

六、结语

本研究发现,非英语专业大学生英语学习总体和各维度焦虑均处于中等程度,焦虑值从高到低依次为课堂、口语、听力、写作与阅读焦虑,而且课堂焦虑显著高于阅读和写作焦虑,阅读焦虑则显著低于其他4个维度的焦虑。男、女学生在口语焦虑的低主动倾向因子上具有显著差异，在总体、5个维度以及各维度其他因子上的焦虑则无显著差异。

鉴于课堂焦虑程度最高，并且各维度与自信相关因子的焦虑值都接近或高于高频程度，我们建议大学英语课程的终结性评价和形成性评价多为学生提供个性化的学习情况诊断、分析与反馈，从以分数为导向转变为以促进语言学习与习得为导向，从而帮助学生形成更为积极的英语学习自我概念，减轻学习焦虑。针对男、女生在口语焦虑低主动倾向因子上的差异，建议教师在教学模式、教学方法、教学内容选择等环节更多关注男、女生在语言学习、情感、心理等方面的差异，在大学英语课程中营造不仅利于女生而且能激发男生主动性的口语学习氛围。

后续研究可对学习者5个维度的焦虑状况开展动态历时研究，追踪其发展变化，并探讨学习者焦虑调控策略、减轻学习者焦虑的教学策略以及其他焦虑影响因素。

第二节　大学英语"写长法"对写作焦虑和写作能力影响作用的实验研究

一、引言

根据文秋芳、王立非(2004)的分类，二语习得研究包括三大领域：(1)中介语研究；(2)学习者内部因素研究；(3)学习者外部因素研究。近二十年来，随着语言教学研究的重点从以"教"为中心转移到以"学"为中心，学习者内部因素研究得到了广泛关注，大量学习者动机、学习策略、学习焦虑研究不断涌现。外语学习焦虑是学习者情感状态的一个重要因子，国内外现有研究主要涉及焦虑与成绩的关系、焦虑的影响因素、课堂焦虑、口语焦虑、阅读焦虑、写作焦虑等，然而至今未见有关学习者如何克服焦虑的研究(文秋芳、王立非，2004)。写作是一个极其复杂的心理过程，涉及多方面知识和能力的综合运用，同时也受情感因素的影响。焦虑作为情感因素的一个重要变量，对二语写作的质和量有着较大的影响作用。本节拟以写作焦虑为切入点，以一次大学英语"写长法"的实验教学为背景,采取定量和定性研究相结合的方法来探究"写长法"是否能够对学生的写作焦虑和写作能力产生影响作用,如若能够,又是如何产生影响作用的。

二、研究背景

(一)"写长法"

"写长法"建立在 Swain(1985;1995)的可理解输出(Comprehensible Output)假说的理论基础上,学习者通过语言产出性运用(即写和说)检验自己目的语句法结构和词语的使用,促使语言运用的自动化,从而有效达到语言习得的目的(王初明等,2000)。"写长法"的基本思路是以设计激发学生真情实感和写作冲动的写作任务为教学重点,通过调节作文长度要求,逐步加大写作量,促使学生突破外语学习的极限,获取学习成就感,提高自信心,将外语知识加速转换成外语运用能力(王初明,2006)。自王初明等(2000)提出并率先实践"写长法"的理念后,方玲玲(2004)、张新凤(2007)、钟凌等(2008)、王海燕(2009)在非英语专业本科生中,吴斐(2005)在非英语专业研究生中,甘丽华(2008)在英语专业高职学生中先后进行了类似实验,实验结果均证明"写长法"通过以写促学培养了学生的积极情感,增强了学生的产出意识,提高了学生的写作成绩和综合语言水平。"写长法"在基础教育阶段英语教学中的实效性也得到了验证,薛常明等(2009)、杨国顺(2009)、汪富金等(2009)分别在高一学生、高一及高二学生、高三学生中进行了实验,发现适当调整的"写长法"完全可以下移应用于基础教育阶段。

然而上述研究存在以下不足:(1)虽然"写长法"以情感因素作为切入点,但上述研究鲜有基于实证角度,对"写长法"是否能够或如何改善学习者的情感状态(如焦虑)进行剖析的。王初明等(2000)、王初明(2005)通过自制问卷考察了学生态度、信心的变化,然而多数研究虽然提到了写作焦虑得到降低或克服,却缺乏证实这些情感状态变化的定量及定性数据。(2)局限于语言输出(写作)促进语言习得的结果,忽略了语言输出(写作)促进语言习得的过程。多数研究以写作成绩、综合语言测试成绩的变化作为研究的重点,关注"写长法"促进写作能力、综合语言水平提高这一结果,而未用实证数据探讨"写长法"是如何帮助学习者加速语言习得的。因此,加强关于"写长法"是否或如何改善/调节学习者写作焦虑心理的实证研究，以及"写长法"如何促进学生写作能力及综合语言能力发展的过程研究显得十分重要。

(二) 外语写作焦虑

外语焦虑是学习者情感因素的一个重要变量。早期外语焦虑研究内容主要为课堂焦虑，运用"外语课堂焦虑量表"（Foreign Language Classroom Anxiety Scale，简称 FLCAS）（Horwitz et al.，1986）对其进行测量。近些年相关研究发现，"外语课堂焦虑量表"主要针对课堂上口语表达引发的焦虑，因而一些学者质疑该量表无法准确测量学习者其他语言技能方面的焦虑（Aida，1994；Cheng et al.，1999；Phillips，1992），外语焦虑研究也逐步深入到各项具体的语言技能焦虑，如听力焦虑（如 Elkhafaifi，2005；周丹丹，2003；陈秀玲，2004）、阅读焦虑（如 Saito et al.，1999；Sellers，2000；石运章、刘振前，2006；邱明明、寮菲，2007）和写作焦虑（如 Cheng et al.，1999；Cheng，2004；郭燕、秦晓晴，2010）。写作焦虑指学习者在写作过程中表现出来的特有的焦虑行为（Daly & Wilson，1983），会阻碍写作过程的顺利进行，导致写作困难，使学习者对写作任务及活动产生痛苦、消极的情绪体验，降低对写作成功的期待。

Cheng 等（1999）采用 Daly 和 Miller（1975）针对本族语写作编制的"写作焦虑测试量表"（Writing Apprehension Test，WAT），对我国台湾英语专业学生的外语写作焦虑进行了调查，发现外语写作焦虑与"外语课堂焦虑量表"（FLCAS）所测量的一般外语焦虑具有一定相关性，但其特殊属性使其成为一种具有特殊性的、专门针对外语写作输出过程的语言学习焦虑。Cheng（2004）编制了"二语写作焦虑量表"（Second Language Writing Anxiety Inventory，简称 SLWAI；"二语"在此通指"第二语言"或"外语"），专门用于测量外语写作焦虑，提炼出身体焦虑（Somatic Anxiety）、认知焦虑（Cognitive Anxiety）和回避行为（Avoidance Behavior）三个因子。经检验，该量表具有较高信度与效度。

相关研究（郭燕、秦晓晴，2010；周保国、唐军俊，2010；郭燕、樊葳葳，2009；顾凯、王同顺，2004；郑定明，2005）发现，学生在大学英语课堂上普遍存在英语写作焦虑，写作焦虑与写作质量及水平呈负相关，影响学习者写作能力提高。近些年来，二语写作研究虽然开始更多关注学习主体，尤其是影响学习者的复杂内外部因素，如中西思维方式、母语水平、语言迁移、学习动机(王立非，2000；秦朝霞，2009)，但写作焦虑作为学习者的情感因素之一却一直没有得到应有的重视，有关写作焦虑及如何降低焦虑的系统性实证研究匮乏。

在上述背景下，本研究以非英语专业大学生为研究对象，力求有针对性地实证探索"写长法"对学生英语写作焦虑和写作能力有怎样的影响作用，以及这些影响作用是如何产生的。具体来说，本研究将回答以下问题：(1)"写长法"实验前后学生的写作焦虑是否有显著差异？(2)"写长法"实验前后学生的写作成绩是否有显著差异？(3)"写长法"对学生克服写作焦虑是否有积极作用？如有，如何产生作用？(4)"写长法"对促进学生写作成绩提高是否有作用？如有，如何产生作用？

三、研究设计

(一)被试

本研究以华中地区一所部属重点大学非英语专业 4 个班 199 名学生为被试。该校大学英语实行分层次教学，这 4 个班均属于一般要求层次的班级，学生来自法学、会计、物流、软件、环境等专业。实验学期学生正进行大学英语三级的学习。4 个班中两个班为实验班，共 93 人，由笔者实施"写长法"教学；另外两个班为对照班，共 106 人，由另一位教师实施常规的大学英语短作文教学。两位教师年龄相仿，均有一定教学经验，在学历结构和层次上没有差异，均为外语专业本科、语言学及应用语言学硕士。实验班与对照班上学期大学英语期末考试作文部分成绩无显著差异(见表 3-9)，实验学期初的英语写作焦虑测量也无显著差异(见表 3-5)。

(二)研究工具

本研究采用定量和定性研究相结合的方法，研究工具共有三个。第一个是外语写作焦虑问卷。问卷采用 Cheng(2004)编制的"二语写作焦虑量表"，量表翻译成中文以使学生准确理解调查问卷。量表共 22 个题项，选项采用李克特 5 分量表的形式分级，从"这完全不符合我的情况"(1 分)到"这完全符合我的情况"(5

分)。22个题项中有7个为反向题(第1、4、7、17、18、21和22题),在统计数据时反向赋分。所有22个题项的总得分为焦虑值,范围应在22至110之间,分数越高表明焦虑程度越深,分数越低表明焦虑程度越浅。实验学期开始第一周对被试进行外语写作焦虑前测,学期结束时最后一次课进行后测。为了避免练习效应(practice effect),对后测量表的题序进行打乱处理。

第二个是写作成绩测试。以该校每学期大学英语期末考试的作文部分为测量工具,前测为实验学期之前学期的期末作文测试,后测采用实验学期的期末作文测试,形式与大学英语四、六级作文测试相似,前测题目为"Should We Ban the Use of Plastic Bags?",后测题目为"Comments on College Selective Courses",要求学生在30分钟内完成不少于120字的写作任务。

第三个是实验结束时针对实验班的半结构开放式问卷。要求学生自述在一学期"写长法"实践过程中对"写长法"的态度、观念和反思,针对写长要求所运用的学习策略以及对自身写作实践和效果的评价等。

(三)"写长法"教学实验的实施

实验班与对照班大学英语精读课的教学大纲一致,两班在教材使用和课时安排上也没有区别。实验学期共安排13周大学英语课(从第4周到第17周,其中第13周为期中考试周,不安排英语课时),教师布置3~4次写作任务。对照班教师依照传统模式布置3~4次写作任务,类似于大学英语四、六级作文形式,学生课下完成,教师给予传统式批改和反馈(即给出A、B、C、D等档次或按照四、六级作文要求打分)。实验班实行"写长法",在写作任务次数方面没有大的改变,但在写作任务设计、作文长度要求、作文批改方式方面有显著区别。

1. 写作任务设计

写作任务设计在实施"写长法"过程中至关重要,作文任务要能刺激学生的创作激情,让学生有内容可写,写得长,从而在可理解输出实践中促使语言知识向语言能力转化,使语言技能得到充分实践。笔者在设计写作任务时遵循以下几条主要原则:(1)读写结合。由于学时有限,大学英语教学通常以阅读为主体,写作仅为精读课教学的一个部分,因此写作任务与精读课教学相结合。学生通过精读课学习教材单元主题，积累语言和主题知识，写作任务则与单元主题相关，刺激输出。(2)写作任务与自主写作相结合。命题作文容易限制学生自主写作的欲望，因此在设计写作任务时注重提供形式多样的语言实践机会，鼓励学生大胆放开写，不限体裁，不限题材，让学生写出自信心和成就感。如让学生做"Free Writing"，自由发挥，写自己感兴趣的题目。又如课文单元主题是 Earthquake 时，写作任务为"＿＿＿＿ and ＿＿＿＿，Which One Wins?"，教师根据单元主题示范填空成"Man and Nature，Which One Wins?"，并鼓励大家提出更多的主题。学生积极思考，交上来的作文主题有"Fashion and Tradition""E-mail and Snail Mail"，"Idleness and Diligence""The Spring Festival and Christmas""Campus Love and Study"等。这些各具特色的主题显示了学生在面对写长作文任务时进行了广泛思考，并将写作与自己的生活、社会状况紧密联系，其语言学习不仅仅局限于语言层面，更深入结合了人文素质的培养与提升。

实验过程中的具体写作任务及时间安排如下：第 4 周的写作任务为"Who Am I"，第 6 周为"Unexpected Money"，第 9 周为"When in Rome，Do as the Romans Do"，第 12 周为"Free Writing"，第 15 周为"＿＿＿＿ and ＿＿＿＿，Which One Wins?"。

2. 作文批改方式

作文批改方式的第一个特点是采用百分制，量化各项得分，分项提供反馈。按照王初明等(2000)的理念，笔者制定了 4 个评分评准：作文长度(40 分)、作文结构(20 分)、作文思想(20 分)、语言表达(20 分)，要求学生作文长度达到500 词，没有上限。作文只要满足长度要求，学生就可以拿到 40 分，但要拿到高分，学生还需在其他三个方面下功夫。

作文批改方式的第二个特点是对学生作文中的语言错误采取宽容态度，重点放在肯定学生作文的优点上，采用打"✓"的方法标出准确用词或四、六级词汇，用"〰〰〰〰"标出精彩的句子、思想的亮点、创新点。这样批改让学生的注意力重点放在自己用得好的词汇、短语、句子上，利于激发其进取精神，促使学生更多使用这些好词、好句，通过量的积累大量接触和使用正确的语言，不断提高英语表达能力，从而达到许多错误逐步自行消失的效果。

四、研究结果

本次实证研究的结果分为两个部分：（1）定量研究结果，即问卷结果的量化分析和大学英语期末考试作文成绩的对比定量分析，揭示实验前后学生的写作焦虑是否有显著变化，学生的写作成绩是否有提高；（2）定性研究结果，即开放式问卷中学生自述文本的定性分析，探讨"写长法"如何影响学生的写作焦虑和写作成绩。

（一）定量研究结果

1. "写长法"实验前后英语写作焦虑的变化

首先对前后测的英语写作焦虑问卷量表进行了内在信度分析，前测写作焦虑量表的 Cronbach's α 系数为 0.874，后测写作焦虑量表的 Cronbach's α 系数为 0.883，这说明该写作焦虑量表具有较高的内在信度。

对实验班和对照班分别进行配对样本 t 检验，发现实验班的英语写作焦虑在实验后明显降低，前后测差异显著。对照班的英语写作焦虑在实验前后没有明显变化，前后测没有显著差异。这说明"写长法"能够较好地促进学生情感状态的优化、改善，具体结果见表3-4。

表3-4　　　　　　　　　　英语写作焦虑的前后测平均分差异

	人数	前测	后测	前后测差异(t 值)	显著性（双尾检验）
实验班	69	61.81(13.30)	56.12(10.76)	4.119	0.000
对照班	59	61.24(14.31)	60.02(13.37)	0.751	0.456

注：（1）括号内为标准差，下同。

　　　（2）人数指既参加了前测又参加了后测的被试人数。

对实验班与对照班的前后测写作焦虑分别进行独立样本 t 检验，发现实验班与对照班在前测和后测英语写作焦虑上均不存在显著差异，但实验班前测写作焦虑高于对照班（t 值为正），而后测时低于对照班（t 值为负）。具体结果见表3-5。

表 3-5　　　　　　　　　　英语写作焦虑的组间差异

	实验班	人数	对照班	人数	组间差异(t值)	显著性(双尾检验)
前测	62.09(13.03)	75	59.71(13.49)	85	1.135	0.258
后测	57.33(10.95)	86	60.34(13.26)	80	-1.600	0.111

注：由于问卷在课堂上完成，学期第一次课与最后一次课均有学生缺勤，导致前测与后测各班学生人数有差异。

进一步对实验班与对照班英语写作焦虑前后测的 22 个题项分别进行独立样本 t 检验，发现前测中实验班与对照班在题项 6、8 上存在显著性差异，见表3-6。后测中实验班与对照班在题项 8、10、17 上存在显著性差异，在题项 6 上显著性差异消失，见表3-7。

表 3-6　　　　　写作焦虑前测实验班与对照班单项独立样本 t 检验结果

题　项	t 值	显著性(双尾检验)
PreJ6 每当开始写英语作文时，我的大脑会一片空白。	2.557	0.011
PreJ8 写限时英语作文时，我会紧张得发抖或冒冷汗。	2.147	0.033

表 3-7　　　　　写作焦虑后测实验班与对照班单项独立样本 t 检验结果

题　项	t 值	显著性(双尾检验)
PostJ8 写限时英语作文时，我会紧张得发抖或冒冷汗。	-2.463	0.015
PostJ10 我通常尽可能避免写英语作文。	-2.157	0.032
PostJ17 我丝毫不担心别人会如何评价我的英语作文。	-2.185	0.030
PostJ6 每当开始写英语作文时，我的大脑会一片空白。	-0.711	0.478

题项 6 是构思焦虑因子的组成部分(郭燕、秦晓晴，2010)。前测时，实验班构思焦虑显著高于对照班($t=2.557$，$p=0.011<0.05$)；后测时，实验班虽然与对照班之间无显著差异，但焦虑程度已低于对照班(t 值为负)。

题项 8 隶属于身体焦虑因子(郭燕、秦晓晴，2010)。在前测中，实验班身体焦虑显著高于对照班($t=2.147$，$p=0.033<0.05$)，但在后测中，实验班显著低于对照班($t=-2.463$，$p=0.015<0.05$)。

题项 10 隶属于回避行为因子(郭燕、秦晓晴，2010)。前测时，实验班与对照班均尽可能避免写英语作文，但无显著差异；后测时，实验班回避倾向显著降低，t 值达到-2.157，并与对照班有显著差异($p=0.032<0.05$)。

题项 17 测量了被试对他人评价的担心程度。前测时，实验班比对照班更担心别人如何评价他们的作文(t 值为正)，但不存在显著差异；后测时，实验班对他人评价的担忧明显降低，并与对照班之间存在显著差异($t=-2.185$，$p=0.030<0.05$)。

2. "写长法"实验前后英语写作成绩的变化

两次写作测试共收集被试作文 366 份，所有作文均由两位大学英语四、六级考试作文评卷教师进行评分，每份作文的最后得分为两位评卷教师分数的平均数。评分标准为大学英语四、六级考试作文评分标准，即 15 分制的总体评分法。评卷教师前测作文成绩相关系数为 0.953，后测为 0.924，说明两位评卷教师的评判一致性较高。

对实验班与对照班分别进行配对样本 t 检验，发现实验班英语写作前后测成绩差异显著，成绩明显提高。对照班写作前后测成绩差异不显著，成绩变化不明显，具体结果见表 3-8。

表 3-8 英语写作前后测平均分差异

	人数	前测	后测	前后测差异(t 值)	显著性(双尾检验)
实验班	90	9.22(1.55)	11.00(1.90)	-14.538	0.000
对照班	78	8.97(1.53)	8.81(1.34)	1.137	0.259

注：人数指既有前测成绩又有后测成绩的被试人数。

对实验班与对照班英语写作前后测成绩分别进行独立样本 t 检验，发现实验班的后测成绩显著好于对照班，而前测成绩与对照班之间没有显著差异，这说明"写长法"教学能够有效促进非英语专业大学生写作能力的提高，具体结果见表 3-9。

表 3-9　　　　　　　　　　　　英语写作成绩的组间差异

	实验班	人数	对照班	人数	组间差异(t 值)	显著性(双尾检验)
前测	9.22(1.55)	90	8.97(1.53)	78	1.045	0.298
后测	10.97(1.90)	92	8.76(1.43)	106	9.281	0.000

注：由于新学期班级调整，实验班和对照班的部分学生来自其他班级，其前测作文成绩(即上学期末大学英语期末考试的作文成绩)缺失，故未列入统计范围。

(二)定性分析结果

在实验学期结束后，笔者对实验班被试发放了一份开放式问卷，请学生自述对"写长法"的反思和评价。共收回学生自述文本 70 份，将所有自述文本输入电脑并进行分析，以下为自述文本的分析结果。

1. 学生对"写长法"教学的态度

在 70 份学生自述中，46 人(65.7%)非常支持"写长法"，认为"写长法"：(1)有挑战性，有创意，通过强制性长篇训练使学生能用英语表达更多的意思；(2)有利于短语的积累；(3)可以发挥想象力；(4)在平时的练习中多做强化训练，到需要时才能信手拈来；(5)对提升写作能力很有用处；(6)可帮助扩展思维，多运用一些高质量的词汇和句型；(7)每完成一篇很有成就感；(8)能培养英语语感。学生对"写长法"的态度往往经历了从恐惧、担心到支持的转变过程。下面列举一学生自述实例：

例 1："刚开始有点恐惧，可是试着写了之后，就觉得没有什么好害怕的了。而且虽然有时没有什么思绪，但是仔细想想之后还是可以挖掘一些内容的。写多了，觉得拿起笔就可以想到很多，这样在考试时就不会感到无从下手。尤其是在四级考试时，我做得最顺的就是作文。"

但也有 8 人(11.4%)认为"写长法"有利有弊，弊主要在于对应试作文的帮助不大。另有 16 人(22.9%)表达了不支持的态度，认为 500 字作文是太艰巨的任务，并觉得考试作文不要求写那么多，如果平时写习惯了，考试时就会停不住，但时间却不够，影响考试成绩。

2. 学生在"写长法"教学实验中的收获

70 份学生自述中，55 人(78.6%)表示经过"写长法"实践，英语写作水平有提高。学生的收获和进步主要包括两个方面。第一是认知能力和写作能力提高，如：(1)多学习、记忆、熟练使用了一些单词、短语、句型；(2)写作句型更加丰富；(3)在作文结构上有提高，写作时更注意结构；(4)学会了怎样构思文章，思路更清晰、开阔，有条理、有层次，更具逻辑性；(5)写作文时更注意语法的正确性；(6)语感增强，遣词造句的能力提高；(7)掌握了一些写作技巧；(8)用英语精确表达意义的能力增强。以下为一学生自述实例：

　　　例 2："这次四级考试写作和以前英语考试写作相比，以前英语考试写作总要先打草稿，甚至需要很努力才可能达到字数要求，而现在的英语写作，却可以轻松上手，并且感觉有话可说，很容易完成。"

第二是情感能力提高，如：(1)不再惧怕写长作文，写作恐惧感消失；(2)对英语写作有了更大的兴趣；(3)写作态度有积极转变；(4)能主动安排时间来写作、查资料；(5)遇到字数较少的英语作文任务时更有信心；(6)养成了用英语表达的习惯，喜欢用英语表达。学生在情感能力上的提高表明，"写长法"确实起到了帮助学生克服写作焦虑和增强写作学习动机的积极作用。以下为一学生自述实例：

　　　例 3："我觉得有进步。我平时都很难想到写英语作文。'写长法'督促我去写英语作文，去看报纸、找好句子，去图书馆看有关写作方面的东西，周围同学的分数也给自己增加不小的压力。现在逐渐地有想(自愿地)去学好写作，培养兴趣，也有了英语笔记本。我认为这是好的开始。"

值得注意的是，有 12 人(17.1%)不能确定自己的英语写作能力有无提高，对此他们的解释是：(1)写作能力提高需要长时间的积累，一个学期无法看出来；

(2)自己练得较少；(3)写作思维上有进步，但对考试写作没有帮助。

另有3人(4.3%)认为自己写作水平没有提高，其中两人诚实地指出原因在于自己不努力，只写过一篇作文，但也有一位学生认为写长作文的写作条件与应试作文不同，对应试作文水平提高有限。

3. 学生对"写长法"批改方式的评价

70份学生自述中，66人(94.3%)表达了对认可优点和分项量化评分批改方式的喜欢和接受。学生认为：(1)老师的鼓励大大提高了他们英语写作的兴趣与积极性；(2)明确的评分方式帮助他们更加了解自己到底哪些方面做得好，哪些方面还需要改进，然后会有针对性地做一些练习进行提高；(3)4个分项的分数分配合理；(4)对好词好句的勾划引导学生更多更好地记忆、使用相关词汇和句型。以下为一学生自述实例：

例4："I like it。很喜欢，很有成就感。细致的评分让我一下明白了优缺点所在。觉得被老师重视，有学英语的信心、动力。"

4. 学生为达到作文长度要求所采取的策略

作文长度是"写长法"对学生习作的第一要求，因此笔者在开放式问卷中请学生自述为写长而采取的策略。归纳整理问卷后，发现学生较多使用以下三类策略：第一类是元认知策略，如上网查询和话题相关的知识、资料；借助笔记本、字典；分几个阶段写，每次写100多字；想很长时间，有什么想法都及时记下来；去图书馆、阅览室看雅思写作、写作技巧之类的书；收集、记忆自己喜欢或惯用的短语、句式；花较长时间写；参考、借鉴一些模板、短语。第二类是认知策略，如构思、想好开头、主要内容、结尾，然后动笔；编写故事，增强想象力；列提纲，在每个提纲下尽可能写细致一点、丰富一点；找细节，多设置细节；运用不同词组和句式，如谚语、复合句、排比句；尽可能发散思维去想；进行结构扩展，加入更多的观点和内容；打草稿，不断加入四级以上词汇、句法。第三类是社会情感策略，如在写作中融入自己的经历、体会；询问同学等。

五、讨论

（一）"写长法"有助于降低学生英语写作焦虑

定量分析显示，实验班英语写作焦虑在实验结束时显著降低，并在身体焦虑、构思焦虑、评价焦虑和回避行为方面与对照班有显著差异，这说明"写长法"有助于学生减轻写作焦虑。对学生自述文本的定性分析发现，"写长法"从两个方面显著降低了学生的写作焦虑，一是认可优点为主的鼓励式批阅及百分制分项量化评分，二是提供大量语言输出实践机会。

（1）郭燕、秦晓晴（2010）指出，传统的纠错批阅模式和四、六级考试批阅模式容易引发评价焦虑，而在"写长法"中，以认可优点为主的鼓励式批阅让学生有成就感，增加了其英语写作和学习的信心；教师认真、细致的批阅方式让学生体会到教师对学生的关爱、重视和尊重，增强了学生英语写作的动力；百分制分项量化评分使学生清楚地了解自己的强项和弱项，帮助他们有针对性地提高。这种批改方式通过积极评价学习者（Rogers，1961）降低了教师批改可能诱发的评价焦虑，增强了教师与学生之间的情感协同（王初明，2010），产生了积极的情感效应和学习效应。

（2）"写长法"加大写作输出量，为学生提供了在写作过程中主动运用元认知、认知及社会情感等方面学习策略的机会。学生通过大量使用构思策略，优化作文结构，满足作文要求，同时构思能力提高减少了限时写作时大脑一片空白现象的发生，降低了构思焦虑。写长作文的实践让学生转变了对"写长法"的态度，消除了对写长文或写作的恐惧，在面对写长任务或普通短作文任务时不再紧张，身体焦虑感大大减少。写作是一种复杂的知识建构过程，在这个过程中学生有意识地采取各种策略克服各个方面的困难，成功完成写作任务，这样的体验帮助学生形成了积极的自我概念，使其感到自己有能力、能以中等或较高水平完成任务，促进了其情感认知和外语学习，显著降低了其写作回避行为。

（二）"写长法"有助于提高学生英语写作能力

写作成绩的量化对比分析显示，实验班英语作文成绩显著提高，这在一定程度上说明"写长法"有助于提高学生英语写作能力。对学生自述文本的定性分析发现，"写长法"通过以下两方面促进学生写作能力发展。

（1）"写长法"给予学生充分的自主空间，鼓励学生依靠自身力量建构语言知识结构（徐浩、何向明，2006）。在写长过程中，学生有意识地从语言表达、思想内容和组织结构等方面进行积极思考，主动借助网络、教科书、英语笔记等资源学习、记忆、运用相关语言知识和表达方法，在不断地输入和输出过程中加快了从记忆性知识到输出性知识、从知识到能力的转化（王荣英，2008）。这也进一步证明学习者的输出可以触发、强化"一系列的注意"，而注意加快了语言学习的进程（Swain & Lapkin，1995）。

（2）"写长法"实行的百分制分项量化评分为学生提供了针对作文质量的有效反馈，帮助他们加深对自身语言体系中存在问题的认识，进而开展反思，并寻找办法修正输出，加快了相应语言结构的习得（陈崇崇，2009；Swain & Lapkin，1995）。同时，以认可优点为主的鼓励式批阅使师生之间形成了良好的互动，维持和增强了学生的学习动机（李昆，2009），增强了学生在写作学习过程中的主观能动性，其英语写作水平也因而提高（张艳红，2008）。

（三）"写长法"实践有待解决的问题

（1）本研究被试为大学英语一般要求层次的学生，英语基础较差，所以有些学生认为自己写不了长作文，500 字作文是太艰巨的任务，并产生畏难情绪，回避写作任务。因此，在实施"写长法"过程中，有必要动态、深入地了解学生的英语水平和情感状态，根据学生不同的情况制订比较灵活的长度要求（谭凌霞，2009），然后逐步递增难度，以真正提高学生学习和应用语言的能力。

（2）本研究折射出大学英语四、六级考试对学生英语学习的消极反拨作用。部分被试对"写长法"持怀疑、否定态度的主要原因在于写长作文与四、六级考试作文字数要求差别大，他们从来没有想过或尝试写超过 120 字的英语作文。这种以考试为目的的英语写作学习观念显然与社会对大学生英语写作能力的需求不相适应。因此，在"写长法"教学实验中，亟须探讨如何平衡英语写作能力培养与学生对应试的个体需求，以及如何帮助学生优化英语学习观念。

六、结语

本研究得出如下结论：第一，"写长法"能在一定程度上制约写作焦虑对写作过程和成绩的负效应，对写作焦虑的控制与克服有积极影响作用，尤其能显著降低评价焦虑、构思焦虑、身体焦虑、回避行为等。第二，"写长法"能显著促进学生写作能力的提高，有助于学生主动使用积极的元认知、认知和社会情感策略应对写作任务，帮助学生在写作实践过程中实现从被动学习到自主学习的转变。第三，"写长法"有助于提高学生情感能力，能够维持和增强学生英语写作学习动机，进而实现"以写促学"。

因此，在现行大学英语课程设置有限（只开设阅读课和听说课）、课时少（每周3~4课时）的环境下，"写长法"对促进写作教学、提高学生写作能力具有积极意义。后续研究可进一步探讨"写长法"对写作能力具体哪些方面有促进作用，对学习者除焦虑之外的其他情感因素如信念、自我效能感等有怎样的影响作用，如何在不同层次（如大学英语较高要求层次、更高要求层次）、不同区域、不同学习风格的学生中更优化地实施"写长法"教学，以更好地促进学生的语言习得与发展。

第三节　中国非英语专业大学生的外语写作焦虑测试报告及其对写作教学的启示

一、引言

第二语言教学已逐步从"以教为中心"转向"以学习者为中心"，大量研究表明，学习者的情感状态是影响其第二语言学习成效的最重要因素之一。然而，在中国的语言教学中，认知技能发展占主导地位，情感因素（Affective Factors）往往被忽略。在诸多情感因素中，焦虑是阻碍有效语言学习的主要因素（Oxford，1999）。近年来，外语焦虑在国外得到了广泛的重视和研究，而且研究视野逐步从宽泛的外语焦虑转向与各种具体语言技能和语言学习过程相关的焦虑。国内研究则起步较晚，针对中国学习者某一语言技能方面焦虑的研究尚未得到足够重视。写作技能虽是我国外语教学强调的一个核心技能，却始终是一个比较薄弱的技能（方玲玲，2004；张省林，2005；邓鹏鸣、王香云，2007 等）。这一现象的存在源于诸多主客观因素，对写作教学中情感因素的忽视是因素之一（项茂英，2003；杨永林、罗立胜、张文霞，2005）。本节拟从情感因素的一个主要构成成分——焦虑出发，实证探讨外语写作焦虑对外语写作的影响和作用，以期对外语写作教学有所启示。

二、研究背景及问题

外语焦虑作为学习者情感因素的一个重要变量，最早由 Horwitz 等于 1986 年提出，"外语焦虑是学习者因外语学习过程的独特性而产生的一种与课堂外语学习相关的独特而复杂的自我意识、信念、情感和行为的综合体"（Horwitz et al.，1986：128）。在此基础上他们编制了"外语课堂焦虑量表"（Foreign Language Classroom Anxiety Scale，简称 FLCAS）。之后，基于该量表的大量研究发现，外语课堂焦虑普遍存在，并且与外语成绩呈负相关关系（如 MacIntyre & Gardner，1989；MacIntyre & Gardner，1991；MacIntyre & Gardner，1994；Aida 1994；OnwuegbuzieBailey & Daley，1999）。近些年随着研究的发展，研究者们发现"外语课堂焦虑量表"主要针对课堂上口语表达引发的焦虑，因而质疑该量表无法准确测量学习者在其他语言技能学习方面的焦虑（Phillips，1992；Aida，1994；Cheng，Horwitz & Schallert，1999）。相关研究开始探讨口语之外的其他语言技能学习的焦虑，如听力焦虑（周丹丹，2003；陈秀玲，2004；Elkhafaifi，2005）、阅读焦虑（如 Saito et al.，1999；Sellers，2000；石运章、刘振前，2006；邱明明、寮菲，2007）和写作焦虑（如 Cheng et al.，1999；Cheng，2004）。

写作焦虑指学习者在写作过程中表现出来的特有的焦虑行为（Daly & Wilson，1983），阻碍写作过程的顺利进行，导致写作困难，使学习者对写作任务及活动产生痛苦、消极的情绪体验，降低对写作成功的期待。早期研究大多以本族语语言学习者为研究对象（如 Faigley，Daly & Witte，1981；Fowler & Ross，1982 等）。由于外语写作通常比本族语写作有更多的焦虑体验，而且学习者对外语写作较多地持否定态度（Krashen，1982），外语写作焦虑的研究逐步受到重视。Cheng 等（1999）采用 Daly 和 Miller（1975）针对本族语写作编制的"写作焦虑测试量表"

（Writing Apprehension Test，简称 WAT）对我国台湾英语专业学生的外语写作焦虑进行了调查，发现外语写作焦虑与"外语课堂焦虑量表"（FLCAS）所测量的一般外语焦虑具有一定相关性，但其特殊属性使其成为一种具有特殊性、专门针对外语写作输出过程的语言学习焦虑。他们对量表的探索性因子分析提炼出外语写作焦虑有三个主要因素：英语写作不自信感、英语写作厌恶感以及评价恐慌，相关分析则得出写作焦虑与写作成绩呈负相关的结论。

Cheng 等（1999）的研究显示外语写作焦虑作为一种特殊的、专门与外语写作过程相关的语言学习焦虑需要有专门的测量工具。针对本族语语言学习者的"写作焦虑测试量表"可能无法遴选出外语写作焦虑的一些核心特质（Cheng，2004）。该量表的结构效度也受到了一些研究者的质疑，如 McKain（1991）认为该量表测量了焦虑之外的与写作相关的其他情感因素，Richmond 和 Dickson-Markman（1985：259）则认为，WAT"更适合测量学习者对自身写作能力的自信程度而非写作焦虑"（转引自 Cheng，2004）。通过综合考虑和借鉴前人相关研究，Cheng（2004）编制了"二语写作焦虑量表"（Second Language Writing Anxiety Inventory，简称 SLWAI；"二语"在此通指"第二语言"或"外语"），专门用于测量外语写作焦虑。经检验该量表具有较高信度与效度。

Cheng（2004）研究的主要目的是将写作焦虑从一般的外语课堂焦虑中分离出来，编制专门的测量工具，但没有对外语写作焦虑水平、写作焦虑与写作成绩的关系、写作焦虑的影响因素等展开进一步研究。就国内研究而言，顾凯、王同顺（2004）对 191 名大学生进行了调查，发现写作焦虑在被试学生中普遍存在，而且大部分学生在写作过程中体验到较高程度的焦虑。郑定明（2005）也发现学生在英语写作中体验到较高的写作焦虑，写作焦虑与作文分数及流利度呈负相关。然而这两项研究采用的都是 Daly 和 Miller（1975）针对本族语学习者编制的"写作焦虑测试量表"，在一定程度上影响了研究的可靠性。本研究采用 Cheng （2004）设计的"二语写作焦虑量表"，并结合半开放式访谈对 453 名非英语专业大学生的外语写作焦虑状况进行调查，研究问题为：

（1）中国非英语专业大学生在外语写作中是否有焦虑？如有，其焦虑体现在哪些方面？

（2）不同外语写作焦虑水平的大学生在外语写作成绩上是否存在差异？

（3）外语写作焦虑与写作成绩之间存在怎样的关系？

（4）学生对外语写作能力及总体语言能力的自我评价对写作焦虑产生怎样的效应？

三、研究方法

（一）被试

本研究的对象是华中地区一所部属重点高校 2007 级 453 名非英语专业大学生，他们来自电气、建筑与城市规划、生命科学、电信、控制、交通、环境、计算机、软件、中文、法学、管理、会计、营销、物流等院系。其中，男生 332 人，占总人数的 73.3%；女生 121 人，占 26.7%。他们学习英语都至少已有 6 年时间。

（二）研究工具

1. 外语写作焦虑量表

本研究采用"二语写作焦虑量表"，并将量表翻译成中文，以使学生能够准确理解调查问卷。量表共 22 个题项，采用李克特 5 分量表的形式，每个题项有从"这完全不符合我的情况"（1 分）到"这完全符合我的情况"（5 分）5 个选项。22 个题项中有 7 个为反向题（第 1、4、7、17、18、21 和 22 题），在统计数据时反向赋分。所有 22 个题项的总得分为焦虑值，范围应在 22 至 110 之间。分数越高，表明焦虑程度越深，反之亦然。

出于研究需要，外语写作焦虑量表前增加了个人信息，包括被试的性别、本学期所写英语作文的篇数、对自身英语写作能力的评价和对自身英语总体能力的评价。

2. 作文成绩测量

作文成绩测量题采用大学英语期末考试的作文部分。在考试中，被试需在规定的 30 分钟内完成命题作文，题目是"The Cancellation of the Golden Week"（"黄金周是否应该取消？"）。作文题用中文在作文要求中给出了每段提示，规定字数不得少于 120 字。

两位大学英语四、六级考试作文评卷教师对被试的作文进行了评分，采用的评分标准为大学英语四级考试作文评分标准，即 15 分制的总体评分法。评卷者相关系数为 0.811。被试作文最后的得分为两位评卷人所给分数的平均分。

3. 探索性因子分析

由于 Cheng(2004)是以我国台湾的英语专业学生为研究对象，与本研究中的非英语专业大学生的学习背景不一样，因此有必要对量表进行探索性因子分析。研究采用主成分法，KMO 测度值为 0.864，Bartlett's Test 为 2910.903 ($df=231$，$p=0.000$)，说明测试数据适合做因子分析。

第一轮探索性因子分析发现，题项 1、16 分别在两个因子上都具有大于 0.4 的负荷量，且差距不大，因此将其从量表中剔除(Nunnally，1978；Stevens，1996)。对余下的 20 个题项进行第二次因子分析，抽出共同因子 4 个，方差累计贡献率为 57.393%，因子负荷均大于 0.40，见表 3-10。这一结果与 Cheng(2004)提炼出的身体焦虑(Somatic Anxiety)、认知焦虑(Cognitive Anxiety)和回避行为(Avoidance Behavior)3 个因子有一定出入。本研究中，因子 1 共有 5 项观测变量，其中 2 项原隶属于 Cheng(2004)的身体焦虑因子，3 项属于认知焦虑因子；通过分析其内容发现，所有题项都与课堂教学带来的影响有关，如教师批阅带来的紧张不安、作文的写作时限、同伴压力、作文任务压力等，因此我们将该因子命名为课堂教学焦虑。因子 2 也有 5 项观测变量，虽然这 5 项都原隶属于 Cheng(2004)的身体焦虑因子，但其意义更趋向于对行文前构思的焦虑，因此被命名为构思焦虑。因子 3 共有 6 项观测变量，与 Cheng(2004)回避行为的分类一致，仍命名为回避行为。因子 4 共有 4 项观测变量，均涉及学生作文信心方面的忧虑，因此我们将其命名为自信忧虑。

表 3-10　　　　　　　　　　　　探索性因子分析结果

因子	题项编号	题 项 表 述	负荷值
因子 1： 课堂教 学焦虑	3	我写英语作文时，如果知道老师要批阅，会觉得紧张、不安。	0.706
	20	我很害怕自己的英语作文会被选作课堂讨论或讲评范文。	0.648
	8	在规定时间内写英语作文时，我会紧张得发抖或冒冷汗。	0.618
	14	我很担心其他同学看到我写的英语作文时会嘲笑我。	0.614
	19	写英语作文时，我会觉得自己全身变得僵硬、紧张。	0.543

续表

因子	题项编号	题 项 表 述	负荷值
因子2： 构思焦虑	11	在规定时间内写英语作文时，我的思路总是变得很混乱。	0.823
	6	每当开始写英语作文时，我的大脑会一片空白。	0.658
	13	在规定时间内写英语作文时，我经常感觉到恐慌。	0.653
	2	在有时间限制的情况下写英语作文时，我会感觉到心跳得厉害。	0.581
	15	在毫无准备的情况下被要求写限时英语作文时，我的大脑就不转了。	0.535
因子3： 回避行为	5	我通常尽可能避免用英语写文章。	0.822
	10	我尽可能避免写英语作文。	0.817
	18	我在课外总是寻找任何可能的机会练习英语写作。	0.817
	12	除非是别无选择，否则我一般不会用英语写作文。	0.752
	22	只要有机会，我都会用英语写作。	0.719
	4	我经常用英语写我的所想所感，如用英语写日记、周记等。	0.699
因子4： 自信忧虑	21	我丝毫不担心自己的英语作文得分会很低。	0.781
	17	我丝毫不担心别人会如何评价我的英语作文。	0.697
	7	我一点也不担心我的英语作文会比别人差很多。	0.625
	9	英语作文要被批改时，我会担心得到一个很低的分数。	0.445

4. 内部一致性检验

在得出各个因子后，我们对整份量表及4个因子分量表分别进行内在信度分析，得出总量表的 Cronbach's α 系数为 0.842，因子1为 0.711，因子2为 0.790，因子3为 0.774，因子4为 0.680。这表明整体量表的内在信度较高，各因子量表的内在信度也在可接受范围内。

（三）访谈

在问卷调查结束一周后，我们采取自愿的方式对 26 名被试进行半开放式访谈。访谈内容主要涉及英语写作中的焦虑体验、英语写作教学的基本情况及英语能力的自我评价与认识。

四、结果

(一)描述性统计结果

首先,我们对被试的相关个人信息和外语写作焦虑状况进行描述性统计分析。被试一学期英语作文数量较低,平均在 4.51 篇左右,最低 0 篇,最高 20 篇。被试的作文成绩平均为 9.67 分(注:有两名被试的作文缺失,因此作文成绩的统计人数为 451 人),比全国大学英语四、六级考试委员会公布的四级考试作文均分要高。这可能是因为该校是一所部属重点高校,学生的英语基础较好。但被试对自身英语写作能力的评价并不乐观,只有 29 人认为自己英语写作能力高/较高,占总人数的 6.4%;297 人认为自己英语写作能力一般,占总人数的 65.6%;127 人认为自己英语写作能力差/较差,占总人数的 28.0%。被试英语总体能力的自我评价要相对积极一些,57 人认为自己英语总体能力高/较高,占总人数的 12.6%;297 人认为自己英语总体能力一般,占总人数的 65.6%;99 人认为自己英语总体能力差/较差,占总人数的 21.8%。

被试的外语写作焦虑水平见表 3-11。在李克特 5 分量表制中,平均值等于或高于 3.5 为高频使用,平均值介于 2.5 和 3.4 之间为中等程度,平均值等于或低于 2.4 则为低频使用(Oxford & Burry-Stock,1995)。表 3-11 显示被试体验到中等程度的外语写作焦虑;在 4 个焦虑因子中,课堂教学焦虑体验最少,构思焦虑次之,自信忧虑处于中等程度,回避行为焦虑值最高,达到高频体验水平。

表 3-11 外语写作焦虑描述统计表

外语写作焦虑	平均值	总平均值	标准差
课堂教学焦虑	2.0711	10.3554	3.64758
构思焦虑	2.4163	12.0817	3.76875
回避行为	3.5324	21.1943	4.44706
自信忧虑	2.9238	11.6954	3.50030
总体焦虑	2.7663	55.3268	10.96148

（二）高、低焦虑组在作文成绩上的差异

我们采用独立样本 t 检验检查高、低焦虑体验被试的作文成绩是否存在显著性差异，发现总焦虑值及 4 个焦虑因子的高水平组与低水平组的作文成绩均存在显著差异（见表 3-12）。

表 3-12　　　　　　　　　外语写作焦虑高、低水平组在作文成绩上的差异

			t 值	自由度	显著水平 （双尾检验）	均值差	标准误差
课堂教学焦虑 高、低水平组	写作成绩	方差齐性	-3.073	301	0.002	-0.56342	0.18333
构思焦虑高、低 水平组	写作成绩	方差齐性	-2.869	284	0.004	-0.59096	0.20595
回避行为高、低 水平组	写作成绩	方差齐性	-2.355	252	0.019	-0.50434	0.21413
自信忧虑高、低 水平组	写作成绩	方差齐性	-3.449	266	0.001	-0.66641	0.19321
总体焦虑高、低 水平组	写作成绩	方差齐性	-5.140	238	0.000	-1.07422	0.20901

（三）外语写作焦虑与写作成绩的相关分析

我们采用皮尔逊相关分析检验外语写作焦虑与写作成绩的关系，发现总体写作焦虑及 4 个焦虑因子均与写作成绩呈显著负相关（见表 3-13）。

表 3-13　　　　　　　　　外语写作焦虑与写作成绩的相关分析

		课堂教学焦虑	构思焦虑	回避行为	自信忧虑	总体焦虑
写作 成绩	皮尔逊相关系数	-0.140[**]	-0.172[**]	-0.127[**]	-0.200[**]	-0.132[**]
	双尾检验	0.003	0.000	0.007	0.000	0.005
	人数	451	451	451	451	451

** 在 0.01 水平上有显著性差异

（四）被试外语写作能力及总体语言能力的自我评价对写作焦虑的效应

为了揭示被试外语写作能力和总体语言能力的自我评价对写作焦虑的影响，我们以写作焦虑为因变量，分别以外语写作能力自我评价和总体语言能力自我评价为自变量，进行了单因变量单因素方差分析。表 3-14 显示，外语写作能力自我评价高、一般及低的被试均在写作焦虑上存在显著差异：自我评价差的被试写作焦虑水平最高；被试自我评价越高，写作焦虑水平越低。表 3-15 也反映出外语总体能力自我评价高、一般及低的被试均在写作焦虑上存在显著差异：自我评价越低，写作焦虑水平越高。

表 3-14　　因变量为写作焦虑的外语写作能力自我评价组间多重比较表

(I)外语写作能力	(J)外语写作能力	均值差	标准误差	显著水平	95%置信区间	
					下限	上限
高	一般	−8.85429*	1.96149	0.000	−13.6715	−4.0370
	低	−16.49715*	2.07499	0.000	−21.5931	−11.4012
一般	高	8.85429*	1.96149	0.000	4.0370	13.6715
	低	−7.64286*	1.06895	0.000	−10.2681	−5.0176
低	高	16.49715*	2.07499	0.000	11.4012	21.5931
	一般	7.64286*	1.06895	0.000	5.0176	10.2681

* 在 0.05 水平上有显著性差异

表 3-15　　因变量为写作焦虑的外语总体能力自我评价组间多重比较表

(I)外语写作能力	(J)外语写作能力	均值差	标准误差	显著水平	95%置信区间	
					下限	上限
高	一般	−5.53907*	1.53272	0.002	−9.3033	−1.7748
	低	−10.08453*	1.76232	0.000	−14.4126	−5.7564
一般	高	5.53907*	1.53272	0.002	1.7748	9.3033
	低	−4.54545*	1.23007	0.001	−7.5664	−1.5245

(I)外语写作能力	(J)外语写作能力	均值差	标准误差	显著水平	95%置信区间	
					下限	上限
低	高	10.08453*	1.76232	0.000	5.7564	14.4126
	一般	4.54545*	1.23007	0.001	1.5245	7.5664

＊在 0.05 水平上有显著性差异

五、讨论与启示

本研究发现，非英语专业大学生的总体外语写作焦虑处于中等程度，而且其中一个因子——回避行为达到高焦虑水平。学生在访谈中也直言不讳地表明，除非老师布置写作任务，他们一般不在课外练习写作，课外英语学习主要是背单词。行为主义理论认为，"焦虑是个体在外语学习过程中形成的对不适当的习惯所作出的恐惧反应，其典型表现就是外语回避行为"（转引自李炯英，2004：48）。按照这一理论，被试写作回避行为的高频反证了英语写作确实会引发焦虑。心理学家提出，应对焦虑有 3 种基本策略：积极认知策略、积极行动策略和回避策略。被试的高频回避行为反映学生在应对写作焦虑时主要采取消极策略，其实质是自我保护。然而这种自我保护一方面导致学生缺乏承担写作任务的责任感，不利于自主学习能力的发展；另一方面妨碍其英语写作水平的提高，导致写作不自信，担忧作文写得不好，在写作行为开始前及过程中产生期待性焦虑，从而进一步采取消极态度应对写作训练和任务，产生更严重的回避行为，形成恶性循环。

学生的高频写作回避行为也在一定程度上归因于师生对大学英语教学改革的误读。自 2004 年以来，各高校的英语教学改革以听说为龙头，在教学中听说优先，教师在一定程度上松懈了对英语写作的训练，助长了学生对待写作训练的消极态度和行为。实质上，《大学英语课程教学要求》（2007）强调的是培养学生英语综合应用能力，通过阅读获取信息以及通过写作输出语言仍是大学生在今后工作中使用的主要英语技能。然而，一直以来，中国学生的英语写作能力不容乐观，1987—2003 年大学英语四级考试作文均分在 4.5～7.5 分（杨惠中，2004）。雅思考试官方数据显示，2006—2008 年中国学生的写作成绩为全球倒数。因此，即使在听说领先的教学形势下，教师也不能忽视对写作作为一种语言输出技能的培养。在学生采取回避策略不主动练习英语写作的背景下，大学英语教师应充分发挥其应有的中介作用，加大写作输出任务的布置，同时力求写作任务的设计新颖、有趣，激发学生的写作热情，通过大量的语言输出实践引导学生在用中学、做中学(learning by doing)，从而将记忆性知识转换为输出性知识，将知识转化为能力(王荣英，2008)，促进情感与能力发展的良性循环。

总体外语写作焦虑的高、低体验组以及4个焦虑因子的高、低体验组均在作文成绩上表现出显著性差异，说明外语写作焦虑会对学生的作文成绩产生影响。相关分析显示，被试的总体外语写作焦虑及4个焦虑因子均与写作成绩呈显著负相关，进一步证明外语写作焦虑是一种妨碍性焦虑(debilitating anxiety)，在一定程度上会阻碍学生写作质量和成绩的提高。焦虑水平越高，作文质量及成绩越差，反之亦然。在4个焦虑因子中，构思焦虑与作文成绩的相关度最高，说明构思焦虑可能会直接影响学生英语写作的成败。在目前的大学英语写作教学中，写作过程没有得到重视，大多数课堂采用成果教学法，普遍采用"课上布置作文—课下写作文—教师评改作文"的线性模式。这一"刺激—反应—强化"的行为主义教学模式缺少写前阶段，忽略了对学生如何构思、如何针对作文题目向纵深处发展以找寻写作素材等写作方法的引导和培训，导致学生面对写作任务无从下手，产生畏惧心理，从而诱发焦虑。西方二语写作教学普遍重视写前启发与构思等活动以降低二语写作焦虑(You，2004)，一些实证研究也证明写前准备活动有助于降低学生的写作焦虑，对写作成绩产生正面影响(如 Schweiker-Marra & Marra，2000；吴锦、张在新，2000；李志雪，2008)。教师可采用任务型写作法(李绍芳，2009)，以任务为依托，将写前、写中、写后阶段的教学、操练和反馈有机结合起来，使学生熟悉写作过程，避免产生焦虑。

课堂教学焦虑与作文成绩的相关度次之，说明课堂教学引发的焦虑对学生作文成绩的影响也较大。课堂教学焦虑主要涉及两个方面：一是限时作文，时间限制必然诱发学生的外语写作焦虑；二是教师评价。从访谈中我们了解到，教师的作文批阅主要基于语法、词汇、句式的准确运用，指出错误并在课堂上评讲错误，评出一个类似于四级考试作文分数或 A、B、C、D 档次。这种传统的纠错批阅模式和打分批阅模式使学生担心作文得不到高分，害怕自己作文本上满目的红色修改被其他同学嘲笑，因而对教师的批阅会感到紧张不安。要降低这一焦虑，教师的作文批阅模式亟须改变。教师不应是令人敬畏害怕的权威评分者和监督者，而应是能与学生平等交流的指导者、参与者、组织者、协调者和读者。教师的中介作用应为引导学生打开思路、活跃思维，给予学生积极的反馈、正面的评价，帮助学生增强自信心和主动承担写作任务的责任感，从而降低焦虑体验。清华大学的体验英语写作采用学生互评、小组评议、三级评议等方式，使教师和学生在写作学习过程中承担多元化和多样性的角色，营造积极的学习氛围，激发写作的兴趣，降低心理压力和焦虑感，提高写作能力（王娜、杨永林，2006；杨永林、罗立胜、张文霞，2005）。"写长法"亦是以认可优点为主向学生提供积极的情感反馈，从而达到减少焦虑、以写促学的效果（王初明、牛瑞英、郑小湘，2000；方玲玲，2004；王初明，2005）。

被试对自身英语写作能力和总体语言能力的评价是其自信心和外语自我概念的一种体现。不同外语总体能力及写作能力自我评价的被试在写作焦虑上存在显著差异；自我评价越低，写作焦虑水平越高，反之亦然。这与 Cheng 等（1999）及 MacIntyre, Noels & Clement（1997）的发现一致，说明自信心和自我概念是影响写作焦虑的重要因素之一。自我概念有积极和消极之分，积极的自我概念是个人感到自己有能力、在同伴中举足轻重，并能以中等或较高水平完成任务的心态，这种自我感知对外语学习起促进作用。然而，在本研究中，被试对自身英语写作能力及总体能力的评价普遍偏低，说明学生普遍对自己的英语写作及总体英语学习信心不足，自我概念较消极。这有可能是由于受到中国文化的熏陶，被试在填写问卷时表现得较为谦虚。然而，消极的自我概念往往伴随着有碍外语学习的消极心理或心理障碍，如焦虑等。这就从反面证明焦虑程度较高的个体往往缺乏自信和对自我客观、公正的评价，使学习在一种压抑的心境下进行，阻碍学习的进步（李炯英，2004）。因此，大学英语教师的中介作用应主要为采取具体的教学活动和模式帮助学生形成积极、肯定的自我概念，增强其自信心，从心理源头上降低或消除焦虑感。

教师尤其要关注英语写作能力、总体语言能力自我评价低/较低的学生，对其作文中的语言错误采取宽容的态度，给予他们个性化的鼓励，多赞赏其准确的用词、精彩的句子、思想的亮点等。可从每位同学作文中摘抄一句闪光的句子，让自我感知低/较低的学生也能感受到老师的评价并不一定就是负面的，从而使其注意力从对错误的恐惧和忧虑中转移出来，认识到自己的长处，并且有信心、有动力进一步发挥、挖掘这样的闪光点，促进作文质量和成绩的提高。除作文外，教师也可在课内外采用恰当的方式有意表扬这些学生在学习过程中的任何细微进步，使他们认识到自己在逐渐进步，从而摆脱消极、失意的心理感知（邹艳，2006）。另外，Khaldieh（2000）研究发现焦虑水平是可以控制的，情感策略在写作过程中发挥着重要作用。因此，教师可在教学中对自我评价低/较低的学生进行情感策略的引导和培训，帮助他们通过使用情感调节策略采取乐观、积极的态度面对写作任务和学习，享受写作和学习的快乐，从而降低写作焦虑对写作过程和成绩的负效应。

六、结语

本研究通过问卷与访谈的方式调查了我国非英语专业大学生的外语写作焦虑状况，发现他们的外语写作焦虑处于中等程度；总体写作焦虑及 4 个焦虑因子均与写作成绩呈显著负相关；高、低焦虑水平的学生在写作成绩上有显著差异；不同外语总体能力及写作能力自我评价的被试在写作焦虑上存在显著性差异；自我评价越低，写作焦虑水平越高，反之亦然。基于以上发现，我们建议大学英语教师加强其在学生学习过程中的中介作用，重视写作过程的教学和对写作教学过程中情感因素的关注。

正如杨永林(2005：16)所说，"加强英语写作教学过程中非智力因素的研究，有可能成为探索外语学科发展的另一条成功之路"。本研究从情感因素角度为如何改善英语写作教学做了积极有益的探索，但也存在一些局限性，如被试来自一所高校，定性数据较为单薄等。后续研究可拓宽数据来源范围，采用更多方法，如有声思维收集学生在写作过程中的焦虑感知及应对策略的定性数据，更加客观地反映学生的外语写作焦虑状况。

第四节　大学英语分层次教学背景下的写作焦虑实证研究

一、引言

随着语言教学的重点从"以教为中心"转移到"以学习者为中心"，学习者的情感因素得到了广泛的重视和研究。学习者的情感状态关系着其第二语言学习的成败，焦虑是其中的一个重要变量。近年来，国外外语焦虑研究逐步从宽泛的外语焦虑转向与各种语言技能相关的焦虑，国内针对学习者某一语言技能焦虑的研究则比较匮乏。就写作技能而言，在英语写作中学习者通常会有比用本族语写作时更高的焦虑体验(Krashen，1982)，但相关实证研究却不多见。2004 年以来，大学英语教学改革提出了分层次教学的理念，各高校已广泛开展分层次大学英语教学，然而在此教学背景下的写作教学研究却几近空白。本研究拟对大学英语不同层次学习者的英语写作焦虑进行调查，以期发现不同层次学习者的学习特点，帮助教师针对学生的不同特点发挥最切实际的介入作用。

二、相关研究回顾

外语焦虑的概念最早由 E. K. Horwitz, M. B. Horwitz 和 J. A. Cope 提出，他们认为"外语焦虑是学习者因外语学习过程的独特性而产生的一种对与课堂外语学习相关的自我意识、信念、情感和行为的综合体"（Horwitz, Horwitz & Cope, 1986：128），并在此基础上编制了"外语课堂焦虑量表"（Foreign Language Classroom Anxiety Scale，简称 FLCAS）。基于此量表的大量研究结果表明，外语焦虑在第二语言学习者中普遍存在，并与外语成绩呈负相关。近年来，相关研究深入到课堂焦虑之外的各种具体语言技能焦虑，如听力焦虑、阅读焦虑和写作焦虑。除此之外，焦虑在不同目的语学习中的稳定性、外语焦虑及其他影响因素对外语学习成绩的共同作用等也成为了研究重点。

国内外语焦虑研究从 20 世纪 90 年代逐步展开，主要集中于对国外研究的综述（如王银泉、万玉书，2001）、对"外语课堂焦虑量表"的验证性和适用性研究（如答会明，2007；王才康，2003）以及对中国学习者外语焦虑的量化研究（如张日、袁莉敏，2004；雷霄，2004），但针对中国学生某一语言技能焦虑的研究尚未得到足够的重视，只有周丹丹（2003）将听力焦虑与情感策略结合起来研究，顾凯、王同顺（2004）和郑定明（2005）探讨了写作焦虑对大学生英语写作的影响。

写作焦虑指学习者在写作过程中表现出来的特有的焦虑行为（Daly & Wilson, 1983），外语写作焦虑则是一种具有特殊性的、专门针对外语写作输出过程的语言学习焦虑（Cheng, Horwitz & Schallert, 1999）。针对这一特殊性，Cheng（2004）编制了"二语写作焦虑量表"（Second Language Writing Anxiety Inventory，简称 SLWAI；"二语"在此通指"第二语言"或"外语"），区别于 Daly & Miller（1975）针对本族语学习者的"写作焦虑测试量表"，专门用于测量外语写作焦虑的一些核心特质。一系列相关分析表明该量表具有较高的信度与效度（Cheng, 2004）。

国内已有的相关外语写作焦虑研究（如顾凯、王同顺，2004；郑定明，2005）大多采用 Daly & Miller（1975）针对本族语学习者的"写作焦虑测试量表"研究工具，一定程度上影响了研究的可靠性。除此之外，以往的研究对象均泛指非英语专业大学生，不能展现不同层次或类别学生的差异。因此，本研究采用专门针对二语/外语写作的焦虑量表对大学英语不同层次学习者的英语写作焦虑进行调查，为大学英语分层次个性化教学提供参考。研究问题为：

（1）大学英语 3 个层次的学生在英语写作中是否存在焦虑？如存在，其焦虑体现在哪些方面？

（2）大学英语不同层次学生的英语写作焦虑是否存在差异？

（3）大学英语不同层次学生的英语写作焦虑与写作成绩之间存在怎样的关系？

三、研究方法

（一）受试者

本研究的对象是武汉市一所部属重点高校 2007 级的学生。该校大学英语实行分层次教学，学生在入校初参加大学英语分级考试。通过综合评定听力、阅读、写作及口语等各方面的能力，学生分别进入《大学英语课程教学要求》规定的一般要求、较高要求和更高要求 3 个层次的课堂学习。在本研究中，一般要求层次受试者 109 人，较高要求层次受试者 100 人，更高要求层次受试者 84 人。

（二）研究工具

1. 外语写作焦虑量表

本研究采用"二语写作焦虑量表"（Cheng，2004），并将量表翻译成了中文，以便学生能准确理解问卷。该量表由 3 个因素分量表组成，共 22 个题项，其中因素 1 焦虑症状（Somatic Anxiety）有 7 项观测变量，因素 2 认知焦虑（Cognitive Anxiety）有 8 项观测变量，因素 3 回避行为（Avoidance Behavior）有 7 项观测变量。均采用李克特 5 分量表的形式分级，从"这完全不符合我的情况"过渡到"这完全符合我的情况"。在录入数据后，对整份量表以及 3 个因素分量表分别进行了内在信度分析，得出总量表的 Cronbach's α 系数为 0.832，因素 1 焦虑症状为 0.800，因素 2 认知焦虑为 0.723，因素 3 回避行为为 0.743，表明整体量表的内在信度较高，各因素量表的内在信度也在可接受范围内。

同时，由于研究的需要，在量表前增加了个人信息，包括受试者的性别和本学期英语作文写作的篇数。

2. 作文成绩测量

作文成绩测量采用学生大学英语期末考试中的作文部分。学生在规定的 30
分钟内完成所指定的作文，题目是"The Cancellation of the Golden Week"（"黄金周
是否应该取消?"），在作文要求中用中文给出了每段的提示，字数规定不得少于
120 字。

3 位具有丰富经验的大学英语教师对受试者的作文进行了评分，采用大学英
语四级考试作文评分的标准，即 15 分制的总体评分法。评卷者相关系数为
0.859、0.765 和 0.724，属于可以接受的范围值。受试者作文最后的得分为 3 位
评卷人所给分值的平均分。

四、结果

（一）描述性统计结果

首先对受试者的相关个人信息和英语写作焦虑状况进行描述性统计分析。表
3-16 显示，3 个层次的受试者 1 个学期写作英语作文的数量都较低，不到 5 篇，
相当于平均 4 周左右才写一篇英语作文。

表 3-16　　　　　　　　　　　　**受试者一学期作文篇数情况**

	人数	平均值	最高值	最低值	标准差
一般要求层次	109	4.86	10	1	1.38
较高要求层次	100	4.40	20	2	2.59
更高要求层次	84	4.54	8	3	1.06

表 3-17 是 3 个层次受试者的英语写作焦虑描述统计表。在李克特 5 分量表制
中，平均值等于或高于 3.5 可视为高频使用或积极态度，平均值介于 2.5 和 3.4
之间则属于中等频率使用或支持，平均值等于或低于 2.4 则为低频使用或持消极
态度（Oxford & Burry-Stock，1995）。表 3-17 显示 3 个层次的受试者均体验到中等
程度的总体英语写作焦虑，在焦虑的 3 个因素方面，其表现模式也极其相似，均
以焦虑症状体验最少、认知焦虑中等、回避行为频率最高为特征。比较而言，一

般要求层次受试者体验到的焦虑感最多，更高要求层次的受试者次之，较高要求层次的受试者最少。

表 3-17　　　　　　　　　英语写作焦虑描述统计表

英语写作焦虑	一般要求层次（均值/标准差）	较高要求层次（均值/标准差）	更高要求层次（均值/标准差）
总体焦虑	2.73/0.45	2.64/0.48	2.67/0.57
焦虑症状	2.29/0.59	2.11/0.62	2.14/0.71
认知焦虑	2.59/0.66	2.50/0.68	2.61/0.69
回避行为	3.35/0.64	3.32/0.59	3.25/0.72

（二）不同层次受试者在英语写作焦虑及写作成绩上的差异

为了揭示不同层次的受试者在英语写作焦虑和写作成绩上的差异，笔者以层次为自变量，分别以写作焦虑和写作成绩为因变量，进行了单因变量单因素方差分析（见表 3-18 和表 3-19）。表 3-18 显示不同层次的受试者在写作焦虑上不存在统计意义上的显著差异。表 3-19 则反映出一般要求、较高要求和更高要求层次的受试者在写作成绩上均存在显著差异，而且层次越低，写作成绩越差。

表 3-18　　　　　　因变量为写作焦虑的不同层次组间多重比较表

（I）层次	（J）层次	均值差	标准误差	显著水平	95%置信区间 下限	95%置信区间 上限
一般要求	较高要求	2.15514	1.51040	0.363	-1.5611	5.8714
	更高要求	1.53419	1.58365	0.626	-2.3623	5.4307
较高要求	一般要求	-2.15514	1.51040	0.363	-5.8714	1.5611
	更高要求	-0.62095	1.61437	0.929	-4.5930	3.3511
更高要求	一般要求	-1.53419	1.58365	0.626	-5.4307	2.3623
	较高要求	0.62095	1.61437	0.929	-3.3511	4.5930

表 3-19　　　　　　　　因变量为写作成绩的不同层次组间多重比较表

（I）层次	（J）层次	均值差	标准误差	显著水平	95%置信区间	
					下限	上限
一般要求	较高要求	−1.15572*	0.18740	0.000	−1.6168	−0.6946
	更高要求	−2.28175*	0.19593	0.000	−2.7638	−1.7997
较高要求	一般要求	1.15572*	0.18740	0.000	0.6946	1.6168
	更高要求	−1.12602*	0.19979	0.000	−1.6176	−0.6344
更高要求	一般要求	2.28175*	0.19593	0.000	1.7997	2.7638
	较高要求	1.12602*	0.19979	0.000	0.6344	1.6176

* 在 0.05 显著水平上有显著性差异

（三）不同层次受试者英语写作焦虑与写作成绩的相关分析

笔者分别对 3 个层次受试者的英语写作焦虑与写作成绩进行了皮尔逊相关分析（见表 3-20），结果显示总体写作焦虑及各因素均与写作成绩呈负相关，但该负相关在较高要求和更高要求层次受试者中没有达到统计意义上的显著性。一般要求层次受试者的总体写作焦虑与写作成绩接近显著意义上的负相关（$p=0.052$，接近 0.05 的显著水平），其认知焦虑则与写作成绩呈统计意义上的显著负相关（$p=0.024<0.05$）。

表 3-20　　　　　　　　外语写作焦虑与写作成绩的相关分析

层次			外语总体写作焦虑	焦虑症状	认知焦虑	回避行为
一般要求	写作成绩	皮尔逊相关系数	−0.187	−0.106	−0.217*	−0.062
		双尾检验	0.052	0.276	0.024	0.524
		人数	109	109	109	109
较高要求	写作成绩	皮尔逊相关系数	−0.074	−0.034	−0.068	−0.063
		双尾检验	0.466	0.736	0.505	0.534
		人数	100	100	100	100

续表

层次			外语总体写作焦虑	焦虑症状	认知焦虑	回避行为
更高要求	写作成绩	皮尔逊相关系数	−0.151	−0.122	−0.182	−0.054
		双尾检验	0.171	0.270	0.098	0.625
		人数	84	84	84	84

＊在0.05显著水平上有显著性差异

五、讨论

已有研究表明，焦虑可表现在语言学习的整个过程，如语言输入、语言信息加工、语言输出，影响学习者吸收、加工、输出语言的数量和质量。本研究证实，在写作输出中，大学英语3个层次的学习者普遍体验到中等程度的焦虑，与顾凯、王同顺(2004)、郑定明(2005)的研究结果一致。在写作焦虑的3个因素中，3个层次受试者的回避行为都接近高焦虑水平，与受试者反映的1个学期作文平均不到5篇相吻合。大学英语中的写作教学主要采用成果教学法，在综合英语课堂上就每单元相关主题布置写作任务，一般1个学期完成5到6个单元。这些数据说明除了教师布置的写作任务，学生普遍回避写作操练。行为主义理论认为"焦虑是个体在外语学习过程中形成的对不适当的习惯所做出的恐惧反应，其典型表现就是外语回避行为"(转引自李炯英，2004：48)。按照这一理论，受试者写作回避行为的高频反证了英语写作确实引发焦虑。另一方面，写作是一种产出性练习，而大学英语教学一向重输入、轻输出，在一定程度上加剧了学生因畏难而采取回避策略的倾向。因此，大学英语教师应充分发挥其应有的中介作用，加大写作输出任务的布置，同时力求写作任务的设计要新颖、有趣，从而激发学生写作的热情，鼓励和加强语言输出的实践。只有在实践中，学生才会把要表达的意思用已有的英语知识组合成句、成篇，从而将记忆性知识转换为输出性知识，使知识真正转化为能力(王荣英，2008)。

3个层次的受试者在写作焦虑上没有表现出显著差异，说明写作焦虑是一种状态焦虑(state anxiety)，是学习者在特定情境下所产生的专门反应状态，即使学习者的写作能力、英语水平、课堂环境、自身学习动机及风格都可能会有差别，但写作本身会诱发学习者的焦虑状态。这提示我们在英语教学中，尤其是写作教学中，要注重情感因素的效应。在写作焦虑的 3 个因素中，与教学关系最为密切的是认知焦虑。认知焦虑主要体现为学习者对他人（如教师、同伴等）评价的担忧、恐惧等心理状态。3 个层次的受试者均体验到中等程度的认知焦虑，可能主要与传统的评价方式有关。教师传统的作文批阅类似于四级考试作文评阅，给一个分数或 A、B、C、D 的档次，主要考察学生语法、词汇、句式的准确表达，指出错误并在课堂上评讲错误。这样的评阅模式使学生担心自己的作文得不到高分，进而影响期末英语课程的总体评价，也害怕自己的作文被其他同学嘲笑或被拿到全班面前作为范文（尤其是反面范文）评讲。要降低这一焦虑，教师需要改变自己评分者和监督者的角色，与学生平等交流，成为指导者、参与者和读者，给予学生积极的反馈、建议和正面、鼓励的评价，引导学生形成积极、肯定的自我概念，增强自信心和主动承担写作任务的责任感，有目的地去写、去思考、去交流。

3 个层次受试者的英语写作焦虑不存在显著差异，但写作成绩却差异显著，这说明两点：第一，在同等焦虑条件下，写作质量会受到其他一些因素的影响，如写作能力、写作动机、语言水平、认知风格等；第二，在面对同等程度的焦虑困扰时，不同层次受试者在控制和调节焦虑情绪的能力上存在差异。较高要求和更高要求层次受试者的写作成绩显著高于一般要求层次受试者，这一方面可能是因为其语言表达能力及写作能力高于一般要求层次受试者，另一方面则是因为这两个层次的学生在应对焦虑方面有一定的策略知识和能力，能在完成某一具体写作任务的过程中尽可能降低焦虑，减少对写作任务及活动痛苦、消极的情绪体验，促进写作过程的顺利进行，保障写作成绩不受影响。吴丽林（2005）在写作策略运用差异的研究中也发现，大学非英语专业优秀语言学习者比语言学习欠成功者能更好地调控自己的情感，克服焦虑情绪，使自己在优化的情感状态下进行写作训练和完成写作任务。相关分析中较高层次及更高层次受试者的英语写作焦虑与写作成绩之间不存在显著意义上的负相关，这进一步说明焦虑虽然普遍存在，但确实是可以在任务完成过程中得到控制的，教师可通过提高学生的策略知识、策略能力、写作能力、语言吸收及加工量来降低写作焦虑对写作成绩的负效应。

3个层次受试者的英语写作总体焦虑及3个焦虑因素均与写作成绩呈负相关，说明英语写作焦虑是一种妨碍性焦虑(debilitating anxiety)，不利于学生写作能力和成绩的提高，尤其是一般要求层次的学生。他们总体写作焦虑与写作成绩的负相关接近显著水平，认知焦虑则与写作成绩呈显著负相关，说明该层次学生受焦虑的影响较大，对英语写作焦虑进行调节、适应的能力较差，而且他们对他人评价的恐惧、紧张直接影响到其写作的成败。因此，帮助一般要求层次学生减少认知焦虑是辅助其提高作文成绩的有效途径之一。一般要求层次学生往往对自己的语言能力不自信，这容易转化为写作前、写作过程中及写作后对作文犯错的担忧、恐惧，引发认知焦虑，因此，担任一般要求层次大学英语教学的教师需要转变作文评价及反馈就是为学生纠错的观念，关注学生的情感状态，对他们作文中的语言错误采取宽容的态度，挖掘其思想内容及语言的闪光点，使其注意力不再集中于对错误的感知和恐惧，而是对自我的肯定、赞赏和激励，从而提升英语自我概念，降低焦虑感，促进作文质量和成绩的提高。"写长法"即是通过肯定优点等方式增进学习成就感，从而保护和培养学生在写作过程中的积极情感，达到减少焦虑、以写促学的目的(王初明等，2000；王初明，2005)。

六、结论

本研究发现，英语写作焦虑在大学英语一般要求、较高要求和更高要求3个层次的学生中普遍存在，达到中等范围值，回避行为作为其中的一个因素接近高焦虑水平。3个层次学生的写作焦虑不存在显著差异，但写作成绩差异显著。较高要求和更高要求层次学生写作焦虑与写作成绩之间的负相关未达到显著意义，一般要求层次学生的认知焦虑则与写作成绩呈显著负相关。基于以上发现，大学英语不同层次的学习者必须区别对待，教师应该更有针对性地制定写作教学及反馈的策略，真正做到因材施教。

本研究从情感因素之一——焦虑的角度为如何促进大学英语写作教学作了一定探索，但也存在一些局限性，如受试者来自同一所高校、缺乏定性数据的支持等。后续研究可采用有声思维方法，进一步探索较高要求和更高要求层次学生如何在写作过程中控制和减少焦虑从而保证作文质量。

第四章 二语学习者学习策略研究

本章聚焦我国非英语专业学习者的英语学习策略，重点关注师生学习策略教授与使用的相关性、学习者教材使用策略的状况，以及自主学习情境下学习者的二语自主学习状况。针对二语自主学习状况，主要探究非英语专业研究生在计算机网络环境下的自主英语学习，以及研究生英语自主学习的能力及相关影响因素。

第一节 大学英语师生学习策略教授与
使用的相关性实证研究

一、引言

随着学习者成为语言教学和研究的主体，第二语言学习策略的研究也受到普遍关注。国外的研究多集中在学习策略的本质、策略的分类、影响策略选择的因素、词汇策略、英语学习成功者与不成功者使用策略的差异、学习策略与外语学习成绩之间的关系、策略训练的方式、途径及有效性等方面（如 Stern, 1983；Brown, 1989；O'Malley & Chamot, 1990；Oxford, 1990；Cohen, 1998；Ellis, 1999）。国内学者对外语学习策略的研究也取得了很多成果，主要分布在以下 6 个方面：(1)词汇学习策略研究，如王文宇(1998)、陈辉(2001)、林敏(2003)等；(2)交际策略研究，如高海虹(2000)发现学习者较多使用减缩策略；(3)学习策略与学习成绩之间的关系研究，如文秋芳(1995)、江晓红(2003)、袁凤识等(2004)；(4)学习者学习策略的动态研究，如文秋芳(2001)对英语学习者动机、观念、策略的变化规律及特点做了跟踪调查；(5)影响学习者学习策略使用的因素，如张庆宗(2004)调查了大学生歧义容忍度对外语学习策略选择的影响，王奇民、王健(2003)分析了大学英语学习效果的策略因素及影响学习者策略选择和使用的种种因素；(6)听力理解策略研究，如任素贞(2003)侧重调查了听力教学中的策略教学法，杨坚定(2003)介绍了一种以听力理解策略训练为主的过程教学模式。除这6大主要研究方向外，刘亦春(2002)对英语学习成功者与不成功者在使用英语阅读策略差异方面做了研究；刘明(2004)则对将英语作为第三语言学习的白族初高中学生的学习策略情况做了调查。

然而在上述文献中，大多数研究是从学生的角度展开，很少涉及教师对学生学习策略使用的影响。虽然策略研究的主体是学习者，其目的是让学习者能够积极采纳有效的学习策略来提高英语学习水平，但在这个过程中，教师的作用不容忽视。Oxford(1990)认为教师应当通晓学习策略，并能洞察学生在使用中的不当或困难之处，适当给予学生指导。王奇民、王健(2003)指出影响大学生英语学习策略选择和使用的因素主要有学习文化、学习观念、情感因素(如动机和焦虑)以及课堂教学模式。作为课堂教学模式中另一关键要素的英语教师，是否在课堂上明确教授及在课外潜移默化地鼓励、引导学生选择和使用适当的学习策略呢？其教授和指导是否对学生的策略使用产生影响？季佩英、贺梦依(2004)比较了师生在听力策略教授与使用方面的差异，为教师和学生提供了有关听力教学和学习的建设性建议。但该研究仅局限于听力策略，不能宏观体现教师与学生在学习策略教授与使用上的关系。本研究希望弥补以上不足，考察大学英语教师在教学中学习策略的教授与非英语专业大学生学习策略的使用之间的关系，从而探讨如何提高和更有效地发挥教师在学生英语学习中的作用。本研究主要探讨以下3个问题：

(1)大学英语教师对非英语专业大学生学习策略的总体教授情况如何？非英语专业大学生学习策略使用的总体情况如何？

(2)大学英语师生学习策略的教授与使用之间是否存在差异？学生常用及不常用的学习策略各有哪些？教师常教及不常教的学习策略各有哪些？

(3)教师的教授及潜移默化的影响与学生学习策略使用之间的关系如何？教师是否对学生正确使用恰当的策略起到积极的作用？

二、研究设计

本研究采用问卷调查的方法，对问卷调查获得的数据进行 SPSS 统计分析。参与调查的大学英语教师和非英语专业大学生均来自湖北某农业大学，其中大学英语教师 44 名，非英语专业大学生 133 名。学生来自该大学的 5 个不同院系，在研究进行时，即将完成国家对非英语专业大学生要求的基础阶段大学英语的学习任务。其中男生 78 名，女生 55 名，年龄在 19 到 22 岁之间。教师则是该大学外语系大学英语教师，他们中参加工作最早的在 1992 年，最迟的在 2003 年，其中男教师 7 名，女教师 37 名。

本项调查所涉及的工具是两份调查问卷，其中学生英语学习策略问卷采用的是目前世界上学习策略研究中使用最广泛的问卷之一——Oxford(1990)的学习策略问卷，教师教授学习策略问卷则在其基础上略作修改而成。在本项研究中，学生英语学习策略问卷的 Cronbatch's α 系数为 0.896，教师教授学习策略问卷的 Cronbatch's α 系数为 0.930，表明两个量表的内在一致性都较好，具有较高的信度。另外，学生和教师的问卷都用英文问答，学生已经达到理解所有问卷题项的能力。学生问卷共分两部分：一是个人信息(笔者添加部分)，包括性别、年龄、高考英语成绩、大学英语四级成绩；二是学习策略量表，包括记忆策略、认知策略、补偿策略、元认知策略、情感策略和社会策略。教师问卷也分为两部分：第一部分是教师个人信息，包括性别、年龄、开始教授大学英语的时间；第二部分是教授学习策略量表，包括教师教授记忆策略、认知策略、补偿策略、元认知策略、情感策略和社会策略的情况。问卷采用李克特量表方式，每个题项设计了 5 个备选题支，从"从来不或很少"(1)、"较少"(2)、"有时"(3)，过渡到"经常"(4)、"总是或几乎总是"(5)，要求学生和教师选择与自己实际学习和教授情况相符或相近的选项。

三、结果与讨论

(一)大学英语师生学习策略教授与使用的总体情况

总体来看，学生使用学习策略的频率不高，属于中等水平的范围；而教师教授学习策略的频率较高，除记忆策略和情感策略的均值略低于 3.5000 以外，其余 4 项策略的均值均高于 3.5000，属于经常教授的范围。具体来看，受试的非英语专业大学生使用元认知策略、认知策略和补偿策略频率较高，这与江晓红（2003）、袁凤识等（2004）的研究结果一致。同时，受试的大学英语教师在课堂及课外教学中教授和鼓励学生使用最多的是元认知策略。例如，鼓励学生多找机会与英语为本族语者或会英语的同学、朋友用英语交流，制定英语学习的目标和计划，尽可能多地使用英语从而在使用中学习语言，在口头和书面语言表达中监控自己的错误进而改正，使自己的语言更加准确流利。无论教师还是学生都已经意识到，英语学习除了好好学之外，如何管理自己的学习也是同等重要。从某种意义上来说，元认知策略在整个学习过程中更为重要，它在一定程度上制约着其他策略的成效（王奇民、王健，2003）。教师教授认知策略的频率则排在第二位，学生使用频率也相对较高。认知策略涵盖听、说、读、写各个方面的技巧、方法，教师在课堂上不仅可以教，而且可以指导学生进行实践和练习，因此，学生在英语学习中使用认知策略的频率也较高。

表 4-1　　　　大学英语师生学习策略教授与使用的总体情况

策略类别	学生		教师	
	平均值	标准差	平均值	标准差
总体策略	3.0164	0.4403	3.6418	0.4698
记忆策略	2.7707	0.5704	3.3210	0.4944
认知策略	3.0741	0.4619	3.7792	0.4837
补偿策略	3.1667	0.5875	3.5795	0.6116
元认知策略	3.1526	0.6218	3.9068	0.6013
情感策略	2.9198	0.5632	3.3788	0.6680
社会策略	2.9286	0.6254	3.6326	0.6768

对于补偿策略的高频使用，笔者认为有两方面原因：一方面，大学英语教师多持有语言学习是为了交际这一看法，因此在给学生提供交际机会的同时也会教

授一些为达到交际目的而采用的补偿策略。另一方面，从某种程度上来讲，大学英语教师由于缺乏英语使用的环境，在与英语为母语或第二语言的人士交流时也会遇到听不清楚或不知如何表达等问题。为了达到交流的目的，教师自身会使用一些补偿策略，而当学生由于英语水平不够高，在使用英语交际遇到种种问题时，教师便会教授和鼓励学生应用这些策略，例如迂回、猜测、替换、身体语言、预测等。因此，从某种意义上来说，补偿策略也可以被视为一种交际策略（Poulisse，1997；袁凤识等，2004）。

一个奇怪的现象是，在本调查中受试学生使用记忆策略的频率最小，与以往的研究结果（如袁凤识等，2004）有较大差异，但与 Grainger（1997）的调查结果一致，即亚洲学生最不常使用的策略为记忆策略。同时，教师教授记忆策略的平均值也最低。这可能是因为在大学英语教学中，重点已经转向学生交际能力的培养和提高（听说课）、阅读能力的提高以及阅读策略的练习和使用（阅读课）。例如，在阅读课上，大量的时间会用在组织阅读前、阅读中和阅读后的各项语言活动上；在听说课上，大量的听说活动以不同的主题为线索展开，给学生提供更多的使用语言进行交际的机会。因此，相对而言，如何记忆单词、句子或篇章的记忆策略很少出现在教师的课堂语言中，学生在课后也只是背单词，较少尝试使用更有效的记忆策略去提高效率。例如，对四、六级考试大纲要求的词汇，很多学生还是习惯于按照大纲的词表机械记忆，从第一页背到最后一页，很少使用诸如联想、卡片、韵律节奏、音形结合等记忆策略。

学生对情感策略和社会策略的使用频率也较低，不过教师对此的教授频率相对高一些。笔者认为，这可能是因为在现今的大学英语教学模式下，教师与学生的情感距离较大。一般来说，大学英语教师与学生之间的接触太少，经常是教师上完课就走，一个星期也就见两次面，很多教师叫不出班上大部分学生的名字。因此，虽然教师在有限的课时内或课间休息时间鼓励学生在课堂上多用英语与同学交流、合作，或在课外找以英语为母语的人士交朋友锻炼口语，让他们有问题问老师，说英语时克服胆小害羞的毛病，多与教师交流学习的困难、经验等，但由于教师与学生之间的情感距离，大多数学生坚持沉默是金，很少将教师的这些鼓励、建议应用于自己平时的英语学习中。因此，大学英语课堂教学中，教师与学生真正交际意义上的互动较少，而课外的英语学习活动如英语角、辩论赛、演讲赛等又较少有或缺乏教师的参与，这都使得学生课内课外很少有机会实施和练习教师教授的情感、社会策略，无法体会使用这些策略能带来的对英语学习的帮助。

（二）大学英语师生学习策略教授与使用的差异

为了进一步理清教师教授与学生使用策略之间的差异，笔者对数据进行了独立样本 t 检验。表4-2表明，教师与学生在6种学习策略的教授和使用上都存在显著性差异，尤其是认知策略（$t=-8.675$，$p<0.001$）。这说明虽然师生教授和使用认知策略的频率都相对较高，但教师所教策略与学生所用策略之间差别很大。这也表明，大学生在英语学习策略的选择和使用上有较大的自主性，并不盲从教师的教授。而且，学生采用何种策略还受到其他一些因素的制约，如学习动机、学习目的、学习成绩和学校、班级、寝室的学习氛围等，教师的影响并不起到关键的作用。另外，学习者对语言学习的观念也是决定其策略使用的因素之一（Nyikos & Oxford, 1993），师生认知策略教授与使用的差异说明师生在英语学习的观念上，尤其是在对英语学习的认知上存在较大差异。

表4-2　　　　大学英语师生学习策略教授与使用的独立样本 t 检验结果

策略类别	t 值	p 值
总体策略	−8.032	0.000
记忆策略	−5.726	0.000
认知策略	−8.675	0.000
补偿策略	−4.000	0.000
元认知策略	−7.031	0.000
情感策略	−4.468	0.000
社会策略	− 6.341	0.000

笔者又对调查问卷的50项策略的平均值进行了由高到低的排序，表4-3显

示的是教师常教的 12 项策略与学生常用的 12 项策略，以及教师最不常教的 5 项策略与学生最不常用的 5 项策略之间的对比。在常教/常用的策略中，有 5 项策略虽然排序有差别，但都被师生认同，它们是学习目的语文化、鼓励自己说英语、猜测词义、避免查每个生词和不断摸索学习方法。这说明教师经常教授的策略有接近半数也是学生经常使用的策略，教师的教授和鼓励对学生学习策略的选择和使用有一定的积极影响。在不常教/不常用的 5 项策略中有 2 项重合：教师和学生都不倾向使用卡片记忆单词，也不倾向在交流中请对方纠正错误。然而，对于大多数策略，教师虽然经常教、经常鼓励学生用，但学生却不常使用，例如寻求帮助、寻找英语交谈伙伴、寻找机会与英美人士交谈、用英语写便条等、总结听到/读到的信息、借助单词韵律记忆等。这说明虽然教师教授的策略很多，但学生是否真正体会到策略的有效性并经常使用是教师无法掌控的，学生往往依据自身的学习需求、目的、动机、成绩好坏、距离考试时间的长短等多方面因素来择而用之。

表 4-3　　　　　　　　　　　**大学英语师生高低频策略对比**

	教　师			学　生		
	策略表述	类型	题项	平均值	策略表述	类型	题项	平均值
教师常教/学生常用策略	经常复习	记忆	7	4.6136	近义词替代	补偿	28	3.8947
	学习目的语文化	社会	50	4.4545	摸索学习方法	元认知	32	3.7519
	鼓励自己说英语	情感	40	4.3636	读写多遍记忆	认知	9	3.5564
	通过使用记单词	记忆	2	4.3636	请求重复/放慢语速	社会	45	3.4662
	增加阅读量	元认知	36	4.3182	注意错误加以利用	元认知	30	3.4436
	看英语节目/电影	认知	14	4.2955	监控进步	元认知	38	3.3910
	避免查每个生词	补偿	26	4.2500	集中注意力听	元认知	31	3.3835
	猜测词义	补偿	23	4.2273	猜测词义	补偿	23	3.3759
	先快读再仔细读	认知	17	4.2045	避免查每个生词	补偿	26	3.3609
	与同学合作练习	社会	47	4.1591	练习发音	认知	11	3.3459
	摸索学习方法	元认知	32	4.1591	鼓励自己说英语	情感	40	3.3383
	避免母语翻译	元认知	21	4.1591	学习目的语文化	社会	50	3.3008

续表

教　师				学　生			
使用卡片记忆	记忆	6	2.0227	写英语日记记录感受	情感	43	2.1353
通过记忆单词在页面所处位置等相关信息记忆单词	记忆	8	2.4091	使用卡片记忆	记忆	6	2.1429
请对方纠正错误	社会	46	2.5227	借助单词韵律记忆	记忆	5	2.5263
创造单词	补偿	25	2.5455	用不同方式使用所学词汇	认知	13	2.5714
寻找母语中相近词汇	认知	18	2.7955	请对方纠正错误	社会	46	2.5865

（表格左侧竖排标题：教师不常教／学生不常用策略）

（三）大学英语师生学习策略教授与使用的相关分析

学生使用的学习策略与教师鼓励和教授的学习策略之间有着显著性差异，它们之间是否存在一定的相关性呢？笔者对数据进一步做了相关分析，结果见表4-4。

表4-4　　　　　大学英语师生学习策略教授与使用的相关分析

	总体策略	记忆策略	认知策略	补偿策略	元认知策略	情感策略	社会策略
相关系数	0.092	0.074	-0.152	-0.050	-0.193	-0.156	0.364*
显著性	0.554	0.632	0.324	0.746	0.209	0.313	0.015

*p<0.05

相关分析结果表明，师生社会策略的教授与使用呈一定的正相关（r=0.364*，p<0.05），但相关性并不是太强，说明师生对社会策略的观念和理解上既存在差异性，又有一定的一致性。而且，社会策略作用于语言的接触和使用机会，大学英语教师和学生都认识到增加语言的接触和使用机会对语言交际能力的

培养具有促进作用(王奇民、王健，2003)。另一方面，虽然师生在记忆、认知、补偿、元认知和情感策略的教授与使用上没有达到统计上的相关，但在认知、补偿、元认知和情感策略的教授与使用上存在一定程度的负相关，这表明在这四项策略上，教师与学生的做法在一定程度上是相反的，越是教师鼓励学生多用的策略，学生往往越少使用，反之亦然。笔者进一步对调查问卷的50个单项策略进行了相关分析，发现只有一个单项策略的教授和使用之间存在统计上的相关关系，见表4-5。

表4-5　　　　大学英语师生学习策略教授与使用的单项相关结果

题号	策略表述	策略类型	相关系数	显著性
50	学习目的语文化	社会策略	0.314*	0.012

*$p<0.05$

综合上述分析可以看出，虽然大学英语教师显性和隐性地教导学生英语学习策略，但并未能对学生使用何种有效学习策略起到非常积极的作用。季佩英、贺梦依(2004)的研究发现，教师教授的和学生运用的听力策略呈正相关。但在本调查中，就学生总体的学习策略而言，调查结果与其有着很大的出入。造成该现象的原因可能有3点：

(1)一种学习策略的使用有一个形成期。中国学生一般从小学或初中开始学习英语，到高中阶段则基本学完语法知识，掌握一定量的词汇，拥有了一定的使用英语交际的能力。正是在这个相当长的过程中，学生基本形成了自己的学习风格、学习习惯和学习策略。而且，中学的学习策略是在中考、高考的压力下形成的，以考试为导向、为考试服务，并且相对稳定。大学英语与高中英语的学习虽然存在本质的区别，但两者仍有一个共同点，那就是考试导向性。大学英语除了全国性的四、六级考试，各个学期的期末考试也往往与四、六级考试的题型、模式大同小异，因此，虽然在课堂上教师教授各种帮助学生提高英语使用技能的学习策略，而且学生也确实感受到这些策略的实效性，但在考试的压力下，在最后的检测手段仍然是以知识为主体的考试的背景下，为使自己在现行的制度下成为受益者，学生下意识地经常采用的仍然是高中时业已形成的以考试为目的的学习策略。因此，教师教授的学习策略并没有被学生真正掌握和使用，学生旧有的学习策略与大学英语教师新教授的策略不相关，甚至负相关。

(2)对大多数学生而言，需要他们在短短两年的大学英语学习期间改变自己固有的学习策略是很困难的。只有少数英语学习动机特别强而且特别有毅力的学生会在大学里对大学英语教师所教授的学习策略有意识地去尝试、使用，从而真正受益于这些策略，提高英语听、说、读、写的实际运用能力，达到用英语交际的水平。另外，在大学英语强调自主学习的氛围下，很多学生放松了对自己的要求，"临时抱佛脚，只求考试过关"的学生大有人在，在平时注意培养自己使用各项英语学习策略的学生实不多见。

(3)大学英语课时少，课堂大，教学任务重。在所调查的农业大学中，大学英语课堂的平均人数在50人左右，有些学校甚至达到70人。如此大的课堂使用多媒体教学，学生与教师交流的时间能有多少？一学期下来，老师还不知道某些学生的名字，甚至学生也不知老师姓甚名谁。师生之间缺乏交流，教师教授并鼓励使用英语学习策略，便也很难在学生中引起共鸣并产生作用。另外，受中国学习文化背景的影响，学生习惯于被动接受而非主动吸取，往往较少将所学付诸实践，因此不能真正掌握和使用对自己有利的学习策略。

四、结语

本调查发现，大学英语教师显性和隐性教授英语学习策略的频率明显高于非英语专业大学生使用学习策略的频率，而且学生学习策略的使用与教师学习策略的教授之间存在显著性差异。相关分析则表明，非英语专业大学生使用的多数学习策略与教师教授的学习策略之间没有统计上的相关，只在社会策略的教授和使用上存在一定正相关。基于上述调查结果，本研究对大学英语教学的启示如下：

(1)戴炜栋(2001)曾提出构建具有中国特色的英语教学"一条龙"体系的设想，笔者认为英语学习策略的教授也应如此。国内英语学习策略的研究主要针对大学生，忽略了小学、初中和高中的策略教学与研究。当前，小学、初中和高中的英语教学都偏重知识的传授，教给学生单词、句型、表达方式以及文化背景，但缺少对学生学习策略的指导，只是"授人以鱼"而非"授人以渔"。而大学英语则偏重语言的实际运用和学生的自主学习，因此，当学生从高中步入大学时，他们被强迫从中学时代的依赖性学习快速过渡到大学时代的自主性学习。很多学生无法适应这个转变，因而觉得在大学英语课程中收获很少，这也是大学英语教学效果不够理想的原因之一。学生必须从一开始就养成良好的学习习惯，形成有效的学习策略，从而在英语学习上做到事半功倍，不能等到大学阶段，希望凭借极其短暂的、每周4学时的两年大学英语教学来改变已经形成的不良学习习惯和策略。如果实施"一条龙"体系的教学设想，系统性地规划小学、初中、高中和大学所应教授的内容，则可以循序渐进，反复加强各种有效的学习策略的教授、指导和实践，使学生在学校英语学习及今后终身英语学习中不断提高自主学习的能力。

（2）大学英语中的策略教学要真正起到作用，必须改变大学英语教学的考核方式。可喜的是，全国大学英语四、六级考试已经开始实行大幅度的改革，英语实用能力、英语交际能力的考核所占的比重越来越大，这也会反向督促学生尝试和使用调查中提到的各项学习策略。各高校对非英语专业大学生大学英语各学期的期末考试也应该进行相应变革，从照搬四、六级考试题型和模式转变为与每学期所教、所学内容挂钩，考核学生实际使用英语的能力。

（3）大学英语教师要走到学生中间去，增强教师在学生中的情感号召力。研究表明，学生对情感、社会策略使用较少的原因之一在于教师与学生之间的情感距离太大。而且，学生英语是否学得好在一定程度上与他/她对英语教师的认可和接受程度有关，因教师而引起的焦虑情绪会影响学生的学习行为和学习效果。现今，大学英语教学效果不够理想的另一重要因素就是教学中对情感因素的忽视，因此，"在实际教学中，教师一定要转变观念，强化情感因素对语言学习影响的意识，重视学生情感的释放和情绪的表达，以真诚、接受、理解的态度对待学生，以合作者的身份平等地与学生进行思想交流"（项茂英，2003：24）。

（4）加强对学生策略意识及策略使用的专门指导和训练，帮助学生改变已经形成的一些不良学习习惯和策略，掌握和使用通过实践证明对自己有效的学习策略。随着《大学英语课程教学要求（试行）》的颁布和实施，大学英语教学的主导模式由单一的以教师为中心传授语言知识和技能，转变为以学生为中心，既传授语言知识和技能，又注重培养语言运用能力和自主学习能力。在这一转变过程中，教师强化学习策略指导和意识培养是其中一个关键的环节（张殿玉，2005）。Cohen（1998）对明尼苏达大学 55 名学员的研究表明，学生明显受益于策略训练。他提出了 7 种策略训练方法：（1）技能课程（general study-skills courses）；（2）讲座讨论（lectures and discussions）；（3）讲习班（strategy workshops）；（4）同伴辅导（peer tutoring）；（5）策略教科书（strategies inserted into language textbooks）；（6）录像微型课（video-taped mini-courses）；（7）策略指导（strategy-based instruction）（谭雪梅、张承平，2002）。如果有条件，大学英语课程可专门设置学习策略训练课；如果没有条件，针对大学英语教学课时少的现状，教师可结合课本及课堂活动来有意识地提高学生的策略意识并实施相应的训练。

本研究也存在不足之处：(1)问卷调查的样本不够大，不够全面，局限于农业大学。(2)研究方法单一，只采用了问卷调查这一定量研究方式。受试学生及教师问卷数据所表达的有可能在一定程度上是其主观意识，而非实际行为，主观成分较大。建议今后研究进一步结合访谈、教师课堂教学观察、学生课外学习策略使用跟踪调查等定性研究的方法，使调查结果更具说服力。

第二节　我国大学英语教材使用情况调查研究

一、引言

教材是学生学习一门课程的根本，是学校教学得以进行的基础（谭培文，2007）。英语教材作为英语教学系统的信息传播媒体，在英语教学中发挥着重要的作用，是英语课程实施的重要组成部分（黄建滨、于书林，2010），是完成教学内容和实现教学目标的重要前提条件。国内英语教材的编写和出版呈现一派繁荣的景象，但对英语教材的研究却没有给予足够重视（庄智象，2006；于书林、黄建滨，2008；黄建滨、于书林，2009，2010），这一研究的薄弱对于英语教材的发展和英语教学都十分不利。

对学习主体——学生教材使用情况的调查可以帮助教材开发者实地了解教材使用者对教材的需求、态度和评价，从而有针对性地开发、编写更符合学生需求和实际情况的英语教材，更好、更有效地为英语教学服务。本节将从学习者的角度出发，对国内大学英语教材的实际使用情况进行广泛调查，以期为大学英语教材的进一步发展提供实证支撑。

二、研究背景

国内外对教材的研究在语言学领域起步比较晚，国外学者的教材评估体系主要有 Van Els 等（1984）、Hutchinson 和 Waters（1978）、Breen 和 Candlin（1987）、McDonough 和 Shaw（1993）、Cunningsworth（1984，2002）等，国内学者往往在国外理论的基础上开展研究，分析并评价各种教材评估体系和评估标准，并针对国内实际情况提出个人见解，如钱瑗（1995）、周雪林（1996）、夏纪梅（2001）、张雪梅（2001）、程晓堂（2002）、刘道义（2005）、赵勇和郑树棠（2006）等。

Tomlinson（2008）强调教材编写过程中应该首先考虑学习者的需求，但其在 *English Language Materials：A Critical Review* 中的教材评价却并未关注学习者对教材的评价，国内的教材研究文献也鲜有从学习者的角度探讨教材使用者实际使用教材的现状，以及其关注点、态度、使用方式和评价等。黄建滨和于书林（2009）对 20 世纪 90 年代以来我国大学英语教材的研究进行了调查与梳理，发现对学习主体的研究非常薄弱，严重缺乏实证调查研究，尤其缺乏针对教材出版投入使用后学习者对教材的感受、教材是否适合学习者的学习，以及课程的实施等问题的关注和调查。

现有文献中从学生层面考察教材评估的研究主要从某一个微观角度出发，探讨教材在这一方面的实现情况，如张蓓和马兰（2004）考察了我国高校 EFL 学生对英语教材文化内容上的要求，周娉娣（2008）调查了"新世纪大学英语系列教材"中《综合英语》对学习者自主性培养的实现程度，胡美馨（2007）考察和分析了言语行为意识培养在综合英语教材中的体现，蒋业梅和刘素君（2009）调查了教师和学生对《新视野大学英语读写教程》练习的看法、评价和期望。蒋学清和冯蕾（2011）则从学习策略角度出发，对《新时代交互英语读写译学生用书 3（全新版）》进行了回顾性评估，发现教材的渗透式学习策略指导是有成效的，教师可以根据教材对学生进行策略学习的指导，学生也可以根据教师的指导和教材的内容提高自己使用学习策略的能力。然而，上述这些研究都局限于单一的某个微观侧重点，不能全面反映学生在大学英语学习中教材使用的真实情况。

从学生对英语教材进行宏观评价的角度开展研究的有裴光兰和李跃平（2007），他们通过问卷调查，考察了西部大学生对《大学英语课程教学要求》的了解程度和对所使用大学英语教材的评价，但其评价过于笼统，如学生对所领用教材的看法（分为很好、较好、一般、较差、很差、不知道等选项），学生对所领用教材的内容和质量的评价（选项同上）和本校所使用教材的受欢迎排序等。这些信息过于笼统，不够具体，对教材改进及建设意义不大。另外，杨明蕊和黄爱凤（2010）采用问卷调查和访谈法，考察了云南省一所二类本科院校英语教师和非英语专业学生对《新视野大学英语读写教程》在使用中的评价，然而该调查局限于一所二本院校，涉及的仅为读写教程，不能反映国内非英语专业大学生使用大学英语教材的全貌。

基于大学英语教学一般分为读写与听说两种技能课型这一现实，本研究将重点考察国内非英语专业大学生使用读写教材（即综合教程）与听说教材（即听说教程或视听说教程）的实际情况，旨在了解学生使用教材进行英语学习的基本情况、方式、关注点、效果、评价、感受等，从而拓展教材研究的广度，为大学英语教材编写提供真实而丰富的素材佐证和建议（黄建滨、于书林，2009）。

三、研究设计

（一）被试

为了了解非英语专业大学生实际使用大学英语教材的情况，课题组于2012年4月至5月间对北京、武汉、广州和烟台等城市7所高校的非英语专业一年级和二年级本科生进行了问卷调查。这些高校涵盖985院校、211院校和地方所属院校等，比较具有代表性。

回收有效问卷607份，其中男生384人，占63.3%；女生222人，占36.6%，1人未注明性别。学生主要分布在2个年级，其中一年级314人，占51.7%；二年级292人，占48.1%；1人未注明年级。

（二）研究工具

调查问卷主要针对读写教材（即综合教程）与听说教材（即听说教程或视听说

教程），包括5个部分的内容：(1)大学英语教材使用的基本情况，如教材名称、教材种类、希望使用的教材类型、教材学习在英语学习中的比重、每周教材学习的时间等；(2)学生大学英语读写和听说教材学习情况，包括具体做法、对教材的关注点、课堂学习态度、对教材学习的反思和运用；(3)学生对教师教材讲授情况的知觉；(4)学生对大学英语教材的评价，涵盖内容、练习、词汇、篇章类型、学习策略指导、有用程度、情感效应、满意度等；(5)学生对使用大学英语读写和听说教材效果的评估，主要包括3个方面，即大学英语课程教学要求规定目标的实现情况、情感效应和自主学习能力发展状况。除基本情况和个别是/不是题项外，采用李克特5分量表的形式分级，从"这完全不符合我的情况"(1分)到"这完全符合我的情况"(5分)或从"我完全不同意"(1分)到"我完全同意"(5分)。

四、研究结果

学生读写教材使用情况如下：全新版38.9%；新视野49.3%；新体验0.5%；新时代交互英语5.3%；新世纪1.8%；其他6.8%(由于学生可以多选，所以百分比加起来会超过100%)。听说教材使用情况如下：全新版30.1%；新视野35.1%；新体验0.2%；新时代交互英语50.4%；新世纪0.5%；其他6.7%(同上)。

学生购买教材数量最低0本，最高20本，平均3.27本。具体来说，购买综合教程达50.2%，听说教程51.1%，快速阅读44.3%，泛读教程15.3%，其他12.5%。学生希望使用的大学英语教材类型如下：基础英语教材46.1%；专门用途英语教材32.6%；通用学术英语教材25.1%；其他1.8%，有2人未选。

在大学英语学习中，教材学习所占比重最低0%，最高100%，平均达53.55%。学生每周花在教材学习上的时间最低每周0小时，最高每周30小时，平均每周5.72小时。

教材学习情况、学生对教师讲授情况的知觉、学生对教材的评价以及教材使用效果评估详见表4-6至表4-11。

表 4-6   大学英语读写教材学习

题号	人数	平均值	标准差	题 项 描 述	分类
R1	607	3.2306	1.11523	通读文章	做法
R2	607	3.2471	1.12497	记忆单词表	
R3	607	3.2175	1.08644	查单词	
R4	607	2.5914	1.06138	背诵好句好段	
R5	607	2.8484	1.03730	做阅读理解练习	
R6	607	2.9044	1.04555	做语言练习	
R7	607	3.6557	1.19200	核对答案	
R8	607	3.3048	1.06289	主题和内容	关注点
R9	607	3.1549	0.99789	语言练习	
R10	607	3.4119	1.07094	词汇列表和解释	
R11	607	2.8913	1.03632	文体和篇章结构	
R12	607	2.9193	1.04285	阅读策略	
R13	607	3.0000	1.04360	写作策略	
R14	607	3.6672	1.05052	认真听讲	课堂学习态度
R15	607	3.2323	1.02465	参与课堂活动	
R16	607	2.6359	1.06902	自主学习未讲解单元	
R17	607	3.2389	1.05019	教师要求则自主学习未讲解单元	
R18	607	2.7858	1.01487	反思学习效果	反思、运用
R19	607	2.7496	1.01956	复习	
R20	607	2.8847	1.00159	有意识使用学到的语言表达	

表 4-7   大学英语听说教材学习

题号	人数	平均值	标准差	题 项 描 述	分类
L1	607	3.1664	1.09469	听完单元所有内容	做法
L2	607	3.0049	1.01392	记忆生词	
L3	607	3.0610	1.04103	查单词	

续表

题号	人数	平均值	标准差	题项描述	分类
L4	607	2.7891	1.01556	背诵好句好段	做法
L5	607	2.9325	0.99357	做听力理解练习	
L6	607	3.7529	1.12644	核对答案	
L7	607	3.2817	1.02189	主题和内容	关注点
L8	607	3.2685	1.04141	听力理解练习	
L9	607	3.2356	1.03193	词汇列表和解释	
L10	606	**2.8498**	1.01667	文体和篇章结构	
L11	607	3.0033	1.11396	生词	
L12	607	3.1829	1.10855	听说策略	
L13	607	3.6458	1.08153	认真听讲	课堂学习态度
L14	607	3.2504	1.05613	参与课堂活动	
L15	607	2.7611	1.05176	自主听未讲解单元	
L16	607	3.2059	1.10000	教师要求则自主听未讲解单元	
L17	607	2.8188	1.00663	反思学习效果	反思、运用
L18	607	2.8040	1.02096	复习	
L19	607	2.9259	1.06680	有意识使用学到的语言表达	

表 4-8　　　　　　　　学生对教师教材讲授情况的知觉

题号	人数	平均值	标准差	题项描述
T3	607	2.9506	1.46607	教师要求自学未讲解单元
T4	607	2.7875	1.16861	教师严格检查自学单元
T5	607	3.0659	1.10755	教师引导批判性阅读
T6	607	2.8847	1.07163	教师引导批判性评价所听内容
T7	607	3.4827	1.08817	教师要求完成语言练习
T8	607	2.9736	1.15440	教师自行设计练习帮助学生巩固

表 4-9 学生对教材的评价

题号	人数	平均值	标准差	题 项 描 述
E1	607	3.1598	1.01271	内容是学生需要的
E2	607	3.1252	1.00534	内容符合实际学习情况
E3	606	3.1254	1.00121	练习设计符合实际学习情况
E4	607	3.0791	1.06257	有足够丰富内容
E5	607	3.1960	1.07143	内容满足需要
E6	607	3.1812	1.05935	内容新颖
E7	607	2.8880	1.10234	内容激发兴趣
E8	607	3.3871	1.01801	词汇是学生欠缺和需积累的
E9	607	3.3410	1.01670	篇章类型多样化
E10	607	3.1054	1.02867	学习策略讲解引导是学生需要的
E11	607	3.3064	1.03487	对英语学习有用
E12	607	3.1071	1.06709	能帮助提高学习效率
E13	607	3.0280	1.02003	能帮助提高学习成绩
E14	607	3.1269	1.03665	使英语学习轻松
E15	607	3.0890	1.06178	更有学习兴趣
E16	607	3.0890	1.03980	提高信心
E17	607	2.9918	1.08467	保证学习的可持续性
E18	607	3.1647	1.06049	值得
E19	607	3.0807	1.01397	对内容满意
E20	606	3.2013	0.98202	对练习设计满意
E21	433	3.1848	0.98510	对学习策略讲解及引导满意
E22	607	3.2488	1.02400	总体满意

表 4-10 学生对使用大学英语读写教材效果的评估

题号	人数	平均值	标准差	题 项 描 述
OR1	607	3.1433	0.99713	能读懂一般性文章
OR2	607	3.1516	0.98843	能顺利阅读专业文献和资料

续表

题号	人数	平均值	标准差	题 项 描 述
OR3	607	3.2488	0.96253	掌握了基本阅读技能
OR4	607	3.1796	0.95391	扩展了词汇量
OR5	607	3.2488	0.95219	掌握了英汉互译技巧
OR6	607	3.3147	0.98076	能借助词典英汉互译一般性文章
OR7	607	3.1054	0.95721	能借助词典翻译专业文献
OR8	607	3.0461	1.01043	掌握了常见文体写作方法
OR9	607	3.1252	1.00369	能胜任 30 分钟限时写作
OR10	607	3.0132	1.05297	能胜任常见应用文写作
OR11	607	2.9918	1.04909	能做图表描述
OR12	607	2.6524	1.03060	能写专业论文英文摘要
OR13	607	2.9110	1.03023	清楚大学英语读写教学目标
OR14	607	3.0906	1.04992	明确读写学习目标
OR15	607	3.0412	1.01959	提高了读写策略意识和能力
OR16	607	3.1895	1.01897	能积极用英语思维
OR17	607	3.1285	1.01635	提高了批判性思维能力
OR18	607	2.9951	1.04280	积极从事英语学习活动
OR19	607	3.2010	1.02886	学习环境改善
OR20	607	2.9852	1.00071	能完成自定读写学习目标

表 4-11　　　　**学生对使用大学英语听说教材效果的评估**

题号	人数	平均值	标准差	题 项 描 述
OL1	607	3.3888	1.01005	能听懂日常英语会话及短文
OL2	607	3.2405	1.03318	能听懂慢速广播和电视节目
OL3	607	2.8666	1.01001	能听懂常速广播、电视节目、电影
OL4	607	2.6491	1.12741	能听懂英语讲授的专业课程
OL5	607	2.9209	0.92473	能使用基本听力技巧
OL6	607	3.0692	1.02855	改善了语音语调

题号	人数	平均值	标准差	题 项 描 述
OL7	607	2.9044	1.03762	掌握了英语一般交流能力
OL8	607	2.8221	1.05991	掌握了日常话题与目的语人士交流能力
OL9	607	2.8781	1.01554	掌握了概括能力
OL10	607	3.1153	1.05768	能做(有准备的)演讲
OL11	607	2.6343	1.05054	掌握了专业领域英语交流能力
OL12	607	2.8797	1.02785	清楚听说教学目标
OL13	607	3.1021	0.99807	明确听说学习目标
OL14	607	2.9868	0.98662	提高了听说策略意识和能力
OL15	607	3.1977	0.99692	能积极用英语思维
OL16	607	3.0774	1.00441	提高了批判性思维能力
OL17	599	3.0334	0.99944	积极从事英语学习活动
OL18	599	3.2487	1.01653	英语学习环境改善
OL19	599	3.1068	0.98921	能完成自定听说学习目标

五、讨论

从调查中可以看出，国内使用比较广泛的大学英语教材主要有《全新版大学英语》(读写+听说)、《新视野大学英语》(读写+听说)以及《新时代交互英语》(听说)。学生主要购买综合教程和听说教程类的大学英语教材，这可能是因为大学英语课堂教学主要分为这两类，学校要求学生购买教材。至于非课堂教学使用的教材，快速阅读购买占到44.3%，可能主要用于提高阅读速度和能力，是综合教程的辅助教材。也有少量学生(15.3%)会购买泛读教程，扩大阅读量。

学生对未来教材的期望主要还是基础英语教材(46.1%)，这可能是因为学生的理念还未改变，对大学英语学习目标到底该如何定位没有清晰的前瞻。但也有29.3%的学生和22.2%的学生期望大学英语教材向专门用途英语和通用学术英语方向发展，体现了学生对自身大学英语学习的思考。

学生实际购买教材的数量不等，平均3.27本。教材学习在他们的大学英语学习中所占比重较大，平均达到53.55%，最高达到100%，说明学生的英语学习较大程度上依赖于教材，也说明教材在学生学习中的重要性和必要性。学生每周花在教材学习上的时间也不等，平均每周5.72小时，最高达到每周30小时，但也有学生完全不重视教材学习。

在使用读写教材和听说教材学习时，学生最常做的是核对答案(读写教材：$m = 3.6557$；听说教材：$m = 3.7529$)和认真听讲(读写：$m = 3.6672$；听说：$m = 3.6458$)，这说明大学英语学习在很大程度上受到高中英语学习方式的影响，学生的学习仍以考试为导向，但学习积极性和求知欲很高。另外值得注意的是，学生在大学英语读写教材的学习中不注重背诵好句好段，不常完成课文后的阅读理解练习和语言练习。学生对教材关注较多的是主题内容、语言练习、词汇表以及写作策略，对教材中出现的文体和篇章结构以及阅读策略不太关注。学生虽然能基本上做到认真听讲，参与课堂活动，在教师要求下自主学习未讲解的单元，但很少主动自主学习未讲解单元，不反思学习效果，很少复习，也不能有意识地使用在教材中学到的语言表达。

上述学生在教材使用上的特点对教材编写有着极大的启示作用：(1)在教材编写中应显性强调或介绍各单元的文体类型以及该类文体的常见篇章结构，引导学生更多关注某一类文体的特点及阅读策略，从而不局限于单个的文章阅读，加强归类和概括，授人以渔。(2)有必要加强教材中对学习元认知策略的显性培训，引导学生学会自主学习，监控自己的学习状况，有意识地将所学运用到真实的或创造的英语交流环境中去。(3)可通过增加背诵的练习形式，帮助学生提高对语言的欣赏意识以及对可学可用的英语表达法的敏感程度。学生在听说教材的使用和学习中存在同样的问题，听说教材的编写也应考虑到以上三点。

从学生对教师在大学英语教材教学方面的知觉中可以看出，教师对学生的自主学习要求不严，不太要求学生自主学习未讲解单元，即使要求也不严格检查，缺乏对学生自主学习的管理、监控、指导和反馈，自主学习流于形式。在批判性思维能力培养上，学生感知到教师在阅读教学中较注重，但在听说教学中有所欠缺。建议在教材编写中增加有关批判性阅读和批判性听解练习和活动的设计，显性提升教师和学生对批判性思维能力培养的意识，同时增加有关自主学习活动任务的设计，并使这些活动具有可操作性、可评估性，从而帮助教师通过具体的任务去引导和监督学生自主学习，并在活动的不同阶段给予有针对性的反馈，从而使学生在自主学习实践中学会自主学习，学会管理自己的学习，也使教师的自主学习指导落到实处。

学生对大学英语教材的评价普遍评分较低的有两项：一是教材内容是否激发学习兴趣，二是教材是否能保证学习的可持续性。赵庆红等（2009）也发现大学生对大学英语读（译）、（视）听说教材的不满广泛而且较为强烈，主要体现在内容趣味性差、不能激发兴趣上。在二语学习过程中，语言输入必须能够让学习者在情感与认知上都充分投入（engagement）才有利于习得的产生，帮助学生获得有效学习和持久学习所需的深层信息处理（Craik & Lockhart，1972）。如果教材内容不能激发学生学习的兴趣，学生不能带着积极的情感和认知态度去进行教材学习，其效果难以令人满意。因此，对教材开发而言，确保学习材料和任务尽可能有趣、相关、令人享受，从而激发学习者积极的情感反应并影响其学习过程，是对教材编写的重大挑战，有必要在教材建设和编写的过程中纳入学生的试用，从学生的角度选择教材文章，因此，让学生参与到教材选材中来，以及通过一轮教学实验了解学生兴趣、删除学生不感兴趣的内容的做法值得一试。除此之外，从教材建设和开发的角度来看，可通过出版更多辅助教材以及与学生生活、学习、成长、个人发展息息相关的实践性教学活动材料来帮助满足学生的相关兴趣需求，如以任务为主的交际性教学活动材料、来源于现实生活的小组交流练习材料、学习者交际手册等（龙婷、龚云，2008），使学生在实践中学，在做中学。

学生对大学英语教材缺乏兴趣、对其能否保证学习的可持续性充满疑虑的另一原因是大学生的心智水平已经达到一个高度，而大学英语教材的内容仍然是高中教材各单元主题、内容等的重复，没有渗透更高层次（$i+1$）的社会、人文与自然等多学科知识，因此无法对学习者构成一定的认知挑战，从而无法调动其学习兴趣，也无法使学习者在原有认知的基础上建构新的知识体系，无法产生习得。李法敏（2012）在教材策划和推介的调查中也发现，大学英语教学的语言输入课与中小学的并无二致，主要为单纯的阅读和听力，所涉主题基本雷同，使得大学生在经历漫长的同类型、同模式学习后觉得大学英语课程枯燥乏味，难以获得理想的教学效果。在二语学习和使用中，学习者通常仅关注语言的解码与编码，而不像在一语习得和使用中，将语言使用与自己的生活、评价、预测和个人观念等建立紧密联系，使得所体验和使用的语言建立起多维表征，将单一的学习活动转移到多方位的实际使用之中，通过丰富的多维认知和体验产生习得，并促进个体的整体发展。因此，在教材开发上，语言练习的设计与编排不能仅以语言习得为单一的目的，而要结合学习者的个人生活体验，使大学英语学习不局限于语言学习，而是心智、情感和认知等各方面综合素质的提升。李海英和田慧（2010）对北京体育大学大学英语教材教学效果的研究很好地证实了这一点。他们发现，《运动员英语》教材中大量与体育训练和比赛相关的素材能引起学生的共鸣，激发学习的兴趣、热情和积极性，使学生意识到英语的应用离他们并不遥远，增加了他们学好英语的信心，学生也能在实际学习中提高成绩。

在对使用大学英语读写教材所能达到效果的评价中，学生对以下几项感到有所欠缺：图表描述、专业论文英文摘要撰写、对大学英语读写教学目标的了解、引导学生积极从事英语学习活动以及完成自主学习目标。徐锦芬等（2004）针对非英语专业大学生自主性学习能力的调查也发现，学生不清楚大学英语的教学目标，由于目标不明确，学生在学完后无从考核目标是否达到，因而产生大学英语什么都没有学到的挫败感。这些反馈对教材编写的启示如下：（1）在基础英语教材中增加对实用文体阅读写作、学术英语阅读写作教学的内容，满足学生对提高在实用性、通用学术性场景中英语交流能力的需求；（2）在教材中显性强调大学英语读写教学目标，让教师、学生清楚目标，并针对目标开展合适的教学或学习活动。

在对使用大学英语听说教材所能达到效果的评价中，学生则对以下几项感到较欠缺：常速英语的听力能力、英语专业课程的听力理解能力、听力策略的使用、英语一般交流能力、与目的语人士交流的跨文化交际能力和专业领域英语交流能力。现有的听说教材编写拘泥于四、六级考试听力理解题型类的听力训练，如短对话、长对话和篇章等，缺乏语言交流的真实场景。另外，语速也倾向于向四、六级靠拢，非自然常速英语。这对教材编写的启示如下：（1）应减少教材内容的应试性，在听说教材编写中注重语言交流的场景、体裁、真实性，适当加入专业学术场景听力内容和对听力策略的显性和隐性介绍、讲解，帮助学生适应真实的语言交际场景并提高听力能力。（2）增加口语活动的设计和编写，并使说的活动基于听的材料，将听与说有机结合，培养学生在一般领域、专业学术领域与目的语人士交流的跨文化交际能力，拓宽学生的国际视野。

六、结束语

通过对非英语专业大学生使用大学英语教材实际情况的调查，我们发现，学生在使用教材进行大学英语学习时学习目标不明确，学习方式受高中英语学习影响较大，自主学习意识和能力较欠缺，教师对自主学习的指导和监管也不到位。在对教材的评价方面，学生总体满意度达到中等水平，但教材内容在激发学生兴趣、保持学习可持续性方面存在缺陷。就使用教材学习的效果评估而言，学生在读写领域觉得专业性、通用学术性读写能力有待提高，在听说领域则认为常速听解能力以及在日常生活学习场景和专业、通用学术场景的交流能力十分不足。未来的大学英语教材编写有必要基于上述学生的真实反馈，有针对性地进行改进、提高，从而促进教材和教学的发展。

第三节　计算机网络环境下的自主英语学习
——一项针对非英语专业研究生的调查报告

一、引言

随着计算机、网络和多媒体技术的迅速发展，计算机辅助语言教学(Computer Assisted Language Learning，CALL)逐步渗透到语言教学的各个方面。教育部提出，各高等院校应充分利用多媒体和网络技术，采用新的以网络技术为支撑的教学模式，使英语教学不受时间和地点限制，朝个性化、自主式学习方向发展(教育部高等教育司，2004：6)。自主学习是指学习者自己确定学习目标，选择学习的材料、方法、环境，控制学习过程，并对学习结果进行自我评价和反馈的一种学习方式和能力。自主学习极大制约着学习者的外语学习成败，外语教学的最终目的之一就是帮助学生获得和提升该能力。近年来，国内各高校积极创建计算机、网络、多媒体技术支撑下的语言教学环境，力求运用现代信息技术促进学生的自主学习。在这种形势下，有必要对学生利用计算机网络进行自主英语学习的现状和特征进行调查。

二、国内利用计算机网络的外语自主学习研究简要综述

国外关于外语自主学习的研究始于 20 世纪 70 年代，国内则于 90 年代开始开展大量研究。随着计算机和多媒体网络技术的发展及应用，众多利用现代科技探索外语自主学习的新模式被提出，如以信息技术为依托的研究生英语自主学习系统(王景惠，2002)、基于 Web 数据库的英语自主听力系统(黄远梅，2005)、基于网络的 WebQuest 学习模式(张亚萍，2004)、网络环境下的自主—交互式英语教学模式(高玉兰，2004)、语料库驱动下的外语在线自主学习模式(梁红梅等，2005)、网络自主学习与面授辅导相结合的教学模式(金霞等，2005)、基于计算机和网络的大学英语自主学习模式等(陈美华等，2005)。

然而，国内利用计算机网络的外语自主学习研究存在以下不足：(1)多数研究局限于基于计算机网络的课堂自主学习新模式；自主学习的实质是自我决定或自我规定(Ryan，1991)，相对于有限的教师指导下的课堂学习，学习者的大部分自主学习应该是在课外进行的。因此，除了课堂教学，更需要审视学生的课外自主英语学习状况，然而此类研究非常缺乏。(2)几乎所有研究都是从教学主体，即教师或学校的角度切入，探讨如何设计课堂自主学习新模式；关于学习主体，即学习者本身的研究，如学习者利用计算机网络自主学习的行为特征、制约自主学习的内外在因素、自主学习者的个体差异等问题没有涉及。(3)研究对象集中于非英语专业大学生，对其他群体，如非英语专业研究生、英语专业学生、中小学生的研究相对较少。

三、研究方法

本研究侧重调查非英语专业硕士研究生利用计算机网络的自主英语学习行为，研究其 CALL 观念对此行为的影响，以及英语水平自我评价这一内在因素和课外学习时间这一外在因素对此行为的效应。

(一)调查对象

本研究调查对象为 300 名非英语专业硕士研究生。他们来自武汉的 5 所高校和郑州的 2 所高校，其中既有部属院校，也有地方大学，文、理、工、师范、军

事各科均有，比较具有代表性。这 7 所高校基本上都已具备了计算机辅助外语教学的条件，而且个人拥有计算机的研究生也为数不少。调查问卷共发放 300 份，收回有效问卷 292 份，有效率为 97.3%。

(二)调查方法

本研究主要运用问卷调查进行定量研究。问卷包括三个部分：(1)了解调查对象的个人信息，包括性别、年龄、英语水平自我评价和每周课外学英语时间；(2)考察研究生对 CALL 的观念(Warschauer，1996；李冰雯，2005)；(3)考察研究生利用计算机网络的自主学习行为(李冰雯，2005)。除个人信息外，所有选择项均采用李克特五分量表的形式分级，从"我十分反对"过渡到"我完全赞同"，或从"这完全不符合我的情况"过渡到"这完全符合我的情况"。问卷中 CALL 观念量表的 Cronbatch's α 系数为 0.867，课外自主学习行为量表为 0.910，表明两个量表的内在一致性都较好，具有较高的信度。

四、结果与讨论

(一)研究生的 CALL 观念

在学校、教师、研究者的眼里，计算机网络能提供大量真实的语言资料，能创设真实使用语言的环境和机会，能架起学习者与教师、同学、外界沟通的桥梁，能使学习者按照自己的需求、喜好和时间选择合适的学习内容、进度和方式，其融文字、声音、图像为一体的多媒体、交互功能能提高学习者的兴趣和积极性。然而，学习者如何看待 CALL 呢？表 4-12 是研究生的 CALL 观念的调查结果。

表 4-12　　　　　　　　研究生的 CALL 观念

研究生对 CALL 的观念	人数	均值	标准差
C15 学习环境	292	4.51	0.65
C16 学习方法/策略	292	4.31	0.59

续表

研究生对 CALL 的观念	人数	均值	标准差
C17 英语学习的途径	292	3.95	0.73
C18 计算机网络辅助英语学习的信心	292	3.39	0.84
C19 英语资讯	292	3.94	0.68
C20 语言学习环境	292	3.85	0.70
C21 多媒体网络的有益性	292	3.87	0.76
C2 有趣性、灵活性	292	4.15	0.67
C23 文化背景知识	292	4.04	0.70
C24 信息输入	292	4.01	0.66
C25 辅助教材	292	3.96	0.71
C26 辅助材料的质量	292	3.84	0.79
C27 老师的重要性	292	3.97	0.77
C28 运用计算机网络学英语的可能性	292	3.40	0.84
C29 成就感	292	3.16	0.80
C30 英语写作能力的提高	292	3.42	0.84
总体	292	3.80	0.42

　　总体而言，研究生对 CALL 持比较积极、肯定的态度，均值接近 4。具体来说，学生明白英语学习环境和方法/策略的重要性，认为计算机网络可以让英语学习更有趣、更灵活，能提供更多、更全面的信息输入，能帮助了解文化背景知识。同时，他们也比较认可计算机网络为英语学习提供的新途径以及语言学习环境，丰富可信的英语资讯和众多的学习资料，认为运用计算机网络辅助英语学习是有益的，希望得到教师的建议、指导和帮助。然而，研究生普遍对使用计算机网络学英语信心不足(3.39)，在实际学习中不太能通过计算机网络学英语(3.40)，也不太认同计算机网络对英语写作的帮助(3.42)，而且在运用计算机网络学习英语时体会不到成就感(3.16)。由此可见，研究生相当认同客观存在的计算机辅助语言学习的益处和优势，但作为学习主体，他们对使用计算机网络进行英语自主学习的信心度不高，并缺乏积极的心理体验和感受。这一方面可能是

因为研究生的冒险意识不够，另一方面也折射出研究生对使用计算机网络进行英语自主学习还没有充分的心理准备。

(二)研究生利用计算机网络的自主英语学习行为

研究生利用计算机网络的自主英语学习行为可划分为 3 类：(1)浏览英语学习或资讯网站，获取有关听、说、读、写、译各项技能的学习资料；(2)使用交互式英语学习光盘进行技能训练或测试；(3)利用网络架起的沟通桥梁与同学、教师、英语为母语者或其他英语使用者交流。调查结果见表 4-13。

表4-13　　　　　　研究生利用计算机网络的自主英语学习行为

行　　为	人数	均值	标准差
LC64 浏览英语学习、资讯网站	292	2.96	1.00
LC65 使用英语学习光盘	292	2.61	0.93
LC66 上网获取英文阅读及影音材料	292	3.01	0.98
LC67 使用搜索引擎查找英文资料	292	3.02	1.00
LC68 使用网络自主学习英语	292	2.76	0.94
LC69 浏览英文网站比中文网站多	292	2.09	0.84
LC70 用英文发邮件、聊天、讨论	292	2.11	0.82
LC71 向英语老师发电子邮件	292	1.96	0.81
LC72 使用一种以上的英语学习光盘	292	2.25	0.93
LC73 使用英语学习光盘测试英语水平	292	2.01	0.85
LC74 上网查英文资料	292	2.64	1.02
LC75 下载并整理英文资料	292	2.61	1.03
LC76 上网将注意力集中在英语学习上	292	2.30	0.92
总体	292	2.31	0.60

表4-13 显示，研究生利用计算机网络的自主英语学习行为很少(2.31)。相对而言，学生比较善于利用网络提供英语学习资料这一优势，使用搜索引擎查找、获取相关的学习材料。但上网时倾向于浏览中文网站，很少有意识地进入英

文网站加强英语学习。学生很少利用交互式英语学习光盘，极少使用光盘学习英语或测试英语水平。对于网络强大的交流功能利用率也非常低，很少用英语发邮件、聊天或在 BBS 上讨论，遇到问题时几乎不向英语老师发电子邮件询问。另外，学生对使用计算机网络的自主英语学习缺乏管理和监控，容易受到其他网页的影响。由此可见，研究生相对较多地将计算机网络视为英语学习资源，较少将其作为工具利用其进行语言技能练习。邓杏华、周柳琴（2005）的调查也有相似结果，只有 5.5% 的学生上网在线收听英语练习听力，5.5% 的学生利用网络语音聊天练习口语。

王景惠（2002：56）指出，研究生的英语学习需求体现在五个方面：（1）原汁原味的语言输入；（2）多元的外语学习环境；（3）自主的外语学习空间；（4）及时的外语学习反馈；（5）真实的外语交际。如今，这些需求在计算机网络的帮助下都可以实现：网络提供原汁原味的语言输入，自主学习中心、计算机、网络、多媒体语言教室提供多元的外语学习环境，课外学生拥有自主的学习空间，互动式光盘、英语学习网站、教师电子信箱等提供及时的学习反馈，网络强大的交流体系提供真实的外语交际环境。然而，学习需求得到了满足，学生却并没有充分利用上述资源进行自主英语学习，这说明客观的环境只能起到辅助、促进的作用，最重要的还是学生自身是否在英语学习上具有主动性、自主性。本研究发现，研究生运用计算机网络进行自主英语学习的意识还不强，不能有效利用现代信息技术辅助课外英语学习。

（三）英语水平自我评价及课外学习时间对研究生利用计算机网络的自主学习行为的效应

为了揭示不同英语水平自我评价（内在因素）和课外学习时间（外在因素）的研究生在利用计算机网络的自主学习行为上的差异，笔者以自主学习行为为因变量，分别以自我评价和课外学习时间为自变量，进行了两次单因变量单因素方差分析（见表 4-14 和表 4-15）。由于自我评价较高的受试样本较小（3 人），课外学习时间 7 小时以上的受试样本也较小（31 人），因而未采用双因素方差分析。

表 4-14　　因变量为自主学习行为的英语水平自我评价组间多重比较表

(I) 自我评价	(J) 自我评价	均值差	标准误差	显著水平	95%置信区间	
					下限	上限
较高	一般	4.4360*	1.5820	0.018	0.6020	8.269
	较差	5.9291*	1.76875	0.004	1.571	10.281
一般	较高	-4.4360*	1.5820	0.018	-8.269	-0.6020
	较差	1.4932	1.18593	0.454	-1.4248	4.412
较差	较高	-5.9291*	1.76875	0.004	-10.281	-1.571
	一般	-1.4932	1.18593	0.454	-4.412	1.4248

＊在 0.05 显著水平上有显著性差异

表 4-15　　因变量为自主学习行为的英语课外学习时间组间多重比较表

(I)课外 学习时间	(J)课外 学习时间	均值差	标准误差	显著水平	95%置信区间	
					下限	上限
0~3 小时	4~7 小时	-2.1293	1.1493	0.163	-4.8726	0.6140
	7 小时以上	-6.0954*	1.59481	0.001	-10.0194	-2.1714
4~7 小时	0~3 小时	2.1293	1.1493	0.163	-.6140	4.8726
	7 小时以上	-3.961	1.74730	0.078	-8.2653	0.3331
7 小时以上	0~3 小时	6.0954*	1.59481	0.001	2.1714	10.0194
	4~7 小时	3.961	1.74730	0.078	-.3331	8.2653

＊在 0.05 显著水平上有显著性差异

表 4-14 显示，自我评价不同的研究生利用计算机网络的自主学习行为存在显著性差异。评价较高的研究生比一般和较差的研究生更多利用计算机网络自主学习英语，而评价一般与较差的研究生之间差异不显著。这可能是因为自我评价高者拥有较强的自主意识和信心，能主动管理英语学习，积极利用较之传统方式更有利、更有效、更富趣味的基于现代信息技术的学习模式，以提高英语水平和自主学习能力。自我评价对 CALL 观念的单因素方差分析(限于篇幅未列表)也显示，自我评价较高的研究生比自我评价一般和较差的研究生对 CALL 持更积极的

态度，而自我评价一般与较差的研究生之间没有显著性差异。由此可见，对自身英语水平持积极评价、充满信心的研究生对现代信息技术支撑下的语言学习环境也持乐观的态度，认为在此环境下更能学好英语，因而会更多地加以利用，而自我评价一般及较差的研究生对自己缺乏信心，对客观环境能产生的作用也信心不足。

表4-15表明，课外学习时间的差异对研究生利用计算机网络的自主学习行为也产生一定效应。学习7小时以上的研究生比学习0~3小时者更多利用计算机网络自主学习英语，学习4~7小时与7小时以上者之间差异接近显著，而学习0~3小时与学习4~7小时者之间没有显著差异，这说明课外学习时间的投入需达到每周7小时以上，也就是每天1小时以上，利用计算机网络的自主学习行为才有较大差异。课外学习时间7小时以下的研究生可能更倾向于使用相对来说不需要任何复杂硬件设备的传统学习方式，如阅读课本、杂志，背单词，听磁带等。也就是说，学习时间上的较少投入制约了研究生在对学习的计划、管理、监控等方面的投入，使其不能充分利用现代信息技术。

综上所述，内在因素自我评价及外在因素课外学习时间都对研究生利用计算机网络的自主英语学习行为产生一定影响。因此，在研究生英语教学中，培养学生对自己进行积极评价的能力必不可少。在传统教学模式中，教师是唯一的评估者，学生进行自我评估的机会和实践很少，加之教师有时无意识的批评，导致学生往往对自己的能力评价过低，不自信，依赖性强。如果教师多鼓励、表扬学生，并采用以学生为中心的内在评估方式——自我评估和同辈评估(楼荷英，2005)，帮助学生形成对自己积极肯定的评价，将会促进学生利用计算机网络进行自主学习。另一方面，在学生自主学习意识和能力较弱的现状下，有必要加强教师对学生自主学习的指导、帮助、监控和管理，保证其时间上的投入。教师还需要特别注意对学生利用计算机网络学习的方式方法给予指导，提高学生的判断力和自制力，避免网络无关信息的干扰(崔岭，2006)。

五、结语

自主学习必须是建立在自主意识发展基础上的能学，建立在具有内在学习动机基础上的想学，建立在掌握了一定学习策略基础上的会学，建立在意志努力基础上的坚持学(戴丽萍，2004)。在互联网、多媒体技术发展使得英语学习的客观物质条件越来越有利于自主学习的环境下，首要任务仍然是使学生想学——培养学生良好的学习动机、能学——培养学生自主学习的意识、会学——培训学习策略的使用及监控和坚持学——不断跟进教师对学生的指导、鼓励和鞭策。只有这样，才能真正促进学生的英语自主学习，有效发挥计算机网络辅助英语教学的优势，为学生今后可持续发展和终身学习打下牢固的基础。

第四节　研究生英语自主学习能力及相关影响因素的研究

自主学习(Autonomous Learning)是指学习者自己确定学习目标，选择学习的材料、方法、环境，控制学习过程，并对学习结果进行自我评价和反馈的一种学习方式和能力。根据国家对研究生培养目标的界定，衡量研究生培养质量的主要标准之一就是研究生的学习能力，尤其是自主和创新的学习能力(施春华等，2008)。一项对大学生自主学习能力的调查显示，大学生自主学习能力普遍不高，而且随着年级升高有下降的趋势(周炎根、桑青松，2007)。目前尚未发现对研究生自主学习能力的调查。人们普遍认为研究生相对于本科生更成熟，学习经验更丰富，学习目的更明确，更具积极性、主动性、自律性，自我调控能力更强，因而具有更高的学习自主性。然而，迄今为止，这一主观认识没有得到任何实证研究的佐证。在外语学习这一复杂的认知发展过程中，学习者自主学习的能力极大地制约着其成败，必须积极、主动地调控学习方法、学习策略等认知手段才能有效地习得外语，外语教学的终极目标之一就是帮助学生获得和发展该能力。因此，本研究拟从英语自主学习能力的视角切入，选取武汉及郑州的7所大学为研究个案，通过问卷调查和个别访谈，了解研究生的英语自主学习能力及影响自主学习能力的相关内、外因素，为提高研究生英语教学质量及研究生整体培养质量提供基于实证研究的依据。

一、概念界定和外语自主学习研究简要综述

学习能力是学习者为了有效地完成学习任务，通过教师指导、练习或经历而获得的基本技能、知识、行为和策略等，自主学习能力则是学习者管理自己学习

的能力，体现了学生的综合学习能力。从教育心理学的角度看，自主学习意味着学生是学习的主人，自主学习能力主要体现在 3 个维度：主动性（即我要学）、独立性（即我能学）和自控性（即我会学）（雷红智、伍锡祥，2007）。随着知识经济时代的到来及发展，培养学生的自主学习能力成为现代高等教育中最基本的内容之一。

高等教育中的外语教育在走过近 20 年的以教师为中心的教学之后，正逐步转向建构主义理论指导下的以人为本、以学习者为中心的人本主义教学，外语教学改革的一个重要举措就是实施自主学习，培养和发展学生的外语自主学习能力。外语自主学习最早被定义为"对自己学习负责的一种能力"，包括 5 个方面的内容：（1）确定学习目标；（2）确定学习内容与进度；（3）选择所使用的方法与技术；（4）监测学习过程；（5）评价学习成果（Holec，1981）。也有研究者认为，"自主既是学习态度，又是独立学习的能力"，其中态度体现为学习者在学习中进行决策时表现出的责任感，能力则体现为在学习过程中进行批判性思考和做决策的能力（Dickinson，1995）。徐锦芬等（2004）根据上述界定，并结合我国学生英语学习的特点，设计了大学生英语自主学习问卷，对非英语专业大学生的英语自主学习能力进行了调查，发现其英语自主学习能力普遍较低。然而，戚宏波（2004）通过自制问卷，发现中国学生在语言学习中的自主意识并不弱于西方学生，张立新、李霄翔（2004）也通过对比调查得出中国学生的英语自主学习能力和意识并不弱于西欧学生的结论。

针对本科大学生英语自主学习能力的研究结论尚存在差异，以研究生为对象的外语自主学习研究则极度匮乏。少数几项研究中，有研究者提出自主学习不仅十分适合研究生英语教学，同时，也是为满足该学习群体的英语学习要求做出的必然选择（任蕊，2005）。实验证明，让学生参与课程设计，并融入学习策略的培训能促进研究生的外语学习自主性（张秀琴、韩民丽，2007）。计算机网络的运用，如大连理工大学研究生英语自主学习网络在线教学系统，对研究生外语学习自主性的提高产生了积极的影响（李琳琳、高鹏，2007）。也有研究发现，硕士研究生在自主英语学习中不能有效利用现代信息技术（郭燕、周江林，2007）。然而，针对研究生英语自主学习能力及其相关影响因素的实证研究尚属空白，本研究力图回答以下问题：

（1）硕士研究生英语自主学习的能力如何？

（2）硕士研究生英语自主学习的能力受到哪些因素的影响？

二、研究方法

（一）研究思路

本研究运用问卷调查进行定量研究。整个问卷分为 3 部分，第一部分是关于调查对象的个人背景信息，包括性别、年龄、英语水平自我评价、课外学习英语时间和上学期期末英语成绩。第二部分为自主学习观念量表，考察研究生对自主学习的核心理念——学习责任的转移所持的观念。第三部分考察研究生的英语自主学习能力，以徐锦芬等（2004）编制的"非英语专业大学生自主性英语学习能力问卷"为基础，并进行了一些修改和删减，以便更符合本研究的目的和要求。除个人信息外，所有选择项均采用李克特五分量表的形式分级，从"我十分反对"过渡到"我完全赞同"，或从"这完全不符合我的情况"过渡到"这完全符合我的情况"，要求被试者按照自己的实际情况符合程度选择，分值由 1 分过渡到 5 分，分数越高，表示自主学习能力或观念越强。本研究采用 SPSS13.0 进行统计分析。

（二）样本描述

本研究的调查对象来自武汉的 5 所高校和郑州的 2 所高校，其中既有部属院校，也有地方性大学，文、理、工、师范、军事各科均有，比较有代表性。共发放调查问卷 300 份，收回有效问卷 292 份，有效率为 97.3%。被试者中男生 165人（56.5%），女生 127 人（43.5%）。

（三）问卷信效度分析

由于本研究的研究对象为研究生，不同于两份量表曾用于的非英语专业大学生，因此，对两份量表分别进行了探索性因素分析，采用主成分法。自主学习观念量表的 KMO 测度值为 0.770，Bartlett's Test 为 927.003（df=91，$p=0.000$），自主学习能力量表的 KMO 测度值为 0.783，Bartlett's Test 为 954.894（df=78，$p=0.000$），说明两个量表的测试数据均适合做因素分析。分析发现，自主学习观念量表主要由英语学习基本责任、计划设定责任、评估检测责任及师生关系 4 个因素组成，方差累计贡献率为 64.22%。在自主学习能力量表中则抽出共同因素 5 个，方差累计贡献率为 60.61%，分别命名为制定学习目标与规划学习时间、了解教师教学目的及要求、使用及监控语言学习策略、自我反思和监控评估学习过程。笔者对两份量表进行了内在信度分析，自主学习观念量表的 Cronbatch's α 系数为 0.718，自主学习能力量表为 0.939，表明两个量表的内在一致性都较好，具有较高的信度。

三、研究分析

(一)研究生英语自主学习能力分析

研究生英语自主学习能力的平均分及标准差见表 4-16。根据表 4-16，研究生的总体英语自主学习能力并不高，仅达到中等水平(均值为 3.05)，这一结果略高于徐锦芬等(2004)研究中的非英语专业大学生，但低于张立新、李霄翔(2004)调查中的中国学生(均值为 3.378)，说明英语自主学习能力并不一定会随着年龄的增长、学习经验的丰富而增强，而是受到诸多内、外在因素的制约。其中一个因素可能是研究生英语教学的现状。2004 年以来，本科生大学英语教学在课程体系设置、教学模式、教材编写、教学手段、教学评估方式等方面进行了轰轰烈烈的改革，力求"使英语教学不受时间和地点限制，朝个性化学习、自主式学习方向发展"(教育部高等教育司，2004)。与此形成对照的是，研究生英语教学多年来仍然沿用 1992 年颁发的《非英语专业研究生(第一外语)英语教学大纲》，在课程设置上以精读为主、听力为辅，在教学内容、方法、手段、评估等各方面相对传统模式没有大的变革，不能为具有积极自主学习态度的研究生提供自主实践的教学环境。这在一定程度上抑制了研究生自主学习能力的发展，因为"自主性培养的主要条件中必然包括给学习者提供实践自主学习的机会"(楼荷英，2005)。因此，从研究生学习群体的特点和需求出发改革研究生英语教学迫在眉睫。

表4-16 　　　　　　　　　　　　　研究生英语自主学习能力

	人数	最小值	最大值	均值	标准差
制定学习目标与规划学习时间	292	1.00	5.00	3.19	0.79
了解教师教学目的及要求	292	1.00	4.75	3.12	0.69
使用及监控语言学习策略	292	1.00	4.70	2.94	0.66
自我反思	292	1.00	5.00	3.22	0.65
监控评估学习过程	292	1.14	4.71	2.80	0.66
总体自主学习能力	292	1.06	4.32	3.05	0.52

就各分项能力而言，研究生在监控、评估学习过程的能力方面最欠缺（均值为2.80），缺乏自我管理的能力和对英语学习的检测、监控和评估。具体来说，他们很少在课外主动寻找机会练习英语，不能主动克服焦虑、自卑、压抑、害羞等不利于英语学习的情感因素，不能在课外利用已有的学习资源如图书馆、参考书、互联网、英语广播等来提高英语学习水平，不能在学习过程中有意识地将新知识应用到语言实践中，也不主动与他人合作学习，不能选择有效的学习途径来更好地学习英语，对制订计划的完成情况没有检测，也不能检查和更新对已学知识的理解。监控、评估学习过程的能力，实质上就是元认知策略能力或管理策略，即对自身学习进行管理的能力。可见，虽然研究生随着年龄的增长、学习实践的丰富而在某些能力上有所提高，但元认知策略能力却没有得到大的发展，在研究生英语教学中仍需加强对元认知策略的指导和培训，真正做到"授人以渔"。

研究生在使用和监控语言学习策略能力方面也相对较弱（均值为2.94，处于中等偏低水平）。他们对合理选择及使用英语学习策略没有自信，不能较好地使用各项语言技能的学习策略，也不能监控各项语言学习策略使用的情况。学习策略的本质是学习者为了提高二语/外语水平所采取的方法和手段，可分为元认知策略、认知策略和社会/情感策略（O'Malley & Chamot，1990），研究生语言学习策略能力的相对欠缺反映出他们对策略这一概念的陌生。实际上任何学生或多或少都在使用一些策略进行英语学习，如本调查中研究生的自我反思能力在5项能力指标中相对最强，他们能评估自己的学习方法并更换不适用的方法，意识到自身的错误并找出错误的原因、采取相应措施改正错误，这实际上就是元认知策略和认知策略的运用。两相对比可以看出，研究生英语课堂还没有系统地引入策略这一概念，学生的策略意识较低。因此，研究生英语教学中需融入策略培训，提升策略意识，增强深层动机，提高学习兴趣，从而促进自主学习能力的发展。

（二）研究生英语自主学习能力的影响因素

1. 研究生英语自主学习观念对自主学习能力的影响

表4-17显示，研究生普遍对英语自主学习持肯定态度（总体自主学习观念及各因素的均值均高于3.5，处于高等水平），明白英语学习的责任主要在于自己，而老师只是辅助者、促进者。具体来说，他们认为设定学习目标、制订学习计划、评价学习进展、找出学习不足之处、定期检测英语水平以及激发英语学习的兴趣都应由自己自主决定并执行和完成，老师不应是不可挑战的权威；课堂上学生不应只听老师的讲解，还应对课堂活动的目的有知情权；课堂教学只是英语学习的一部分，即使没有课堂教学，在合适的指导下进行自主学习也能学好英语。这一结果说明研究生的学习观念非常有利于自主学习，在心理上已经做好了自主学习的准备。

表4-17　　　　　　　　　　　研究生英语自主学习观念

	人数	最小值	最大值	均值	标准差
英语学习基本责任	292	2.00	5.00	4.28	0.59
计划设定责任	292	1.00	5.00	3.58	0.71
评估检测责任	292	1.00	5.00	3.79	0.67
师生关系	292	2.00	5.00	3.80	0.60
总体自主学习观念	292	2.33	5.00	3.86	0.41

能力与观念的相关分析显示，研究生的自主学习观念与总体自主学习能力虽然呈显著正相关，但相关性较低（见表4-18），说明学生认同自主学习并不等于他们能在实际学习中承担更多的责任。同时，对比表4-16与表4-17可以发现，研究生的自主学习能力与其积极、肯定的自主学习观念之间存在一定差距，说明

观念虽然在一定程度上可以影响行为、能力，但两者之间必然有差距，而且在观念的实现需要学习者克服困难时更加明显，能力提高需要大量、长期的实践。在自主学习能力的5个因素中，自我反思能力与自主学习观念相关性最强，说明研究生自主学习责任感越强，越能进行自我反思，以不断地提高英语学习的效率和质量。值得注意的是，了解教师教学目的和要求的能力与自主学习观念之间的相关性没有达到显著水平，说明研究生对教师教学目的和要求的了解并不随着自主学习观念的增强而增强。这可能是因为研究生英语学习仍以课堂教学为主，教师较高程度地控制着学习者的学习，无论学习者的观念如何，他们都必须在一定程度上了解教师的教学目的和要求，并将其转化成自己学习目标的一部分，从而达到教学大纲中规定的要求，通过相应的考试。这也从侧面说明了研究生英语教学还普遍缺乏自主学习的理念与实践。

表4-18 研究生英语自主学习能力与观念的相关分析

		总体自主学习能力	制定学习目标与规划学习时间	了解教师教学目的、要求	学习策略使用及监控	自我反思	监控评估学习过程
自主学习观念	Pearson 相关系数	0. 199**	0. 133*	0.019	0. 130*	0.285**	0. 198**
	显著水平（双尾检测）	0.001	0.023	0.744	0.026	0.000	0.001
	人数	292	292	292	292	292	292

*在 0. 05 显著水平上有显著性差异 **在 0. 01 显著水平上有显著性差异

2. 研究生英语水平自我评价对英语自主学习能力的影响

笔者以自主学习能力为因变量，以自我评价为自变量，进行了单因变量单因素方差分析，以揭示英语水平自我评价对研究生英语自主学习能力的影响，见表4-19。

表 4-19　　　　因变量为自主学习能力的英语水平自我评价组间多重比较表

（I）自我评价	（J）自我评价	均值差	标准误差	显著水平	95%置信区间	
					下限	上限
较高	一般	0.57345*	0.08789	0.000	0.3572	0.7897
	较差	0.86956*	0.09977	0.000	0.6241	1.1150
一般	较高	−0.57345*	0.08789	0.000	−0.7897	−0.3572
	较差	0.29611*	0.06689	0.000	0.1315	0.4607
较差	较高	−0.86956*	0.09977	0.000	−1.1150	−0.6241
	一般	−0.29611*	0.06689	0.000	−0.4607	−0.1315

＊在 0.05 显著水平上有显著性差异

　　表 4-19 显示，英语水平自我评价的高低会对研究生英语自主学习能力产生影响。自我评价较高、一般、较差的 3 个组别的研究生均在自主学习能力上表现出显著差异，其中自我评价较高的研究生自主学习能力最强，自我评价一般者次之，自我评价最差者自主学习能力最弱。这表明自我评价对自主学习能力有显著影响，自我评价越高，自主学习能力越强。由此可以推断，学习者对自己英语能力的判断与态度在一定程度上左右其是否进行自主学习，是否主动管理、评估和监控自己的学习，是否积极创造有利条件促进英语学习。对自主学习能力的各项指标的进一步分析发现，自我评价较高的研究生在所有 5 项指标上都大幅度高于其他两组学习者，尤其在监控学习过程的能力上大大高于另外两组。这说明自我评价高的研究生能主动学习，乐于与他人合作，能克服不利于英语学习的情感因素，选择最有效的途径学好英语。反过来，通过自主学习实践和自主学习能力的提高，他们对自己更加自信，对自身英语水平的评价更积极肯定，从而形成英语学习的良性循环。

　　值得一提的是，中国学习者往往对自己的英语水平评价过低。英语水平自我评价是学习者外语自我概念的一种体现，如果评价过低，则反映出学习者消极的自我概念，而消极的自我概念往往伴随着有碍外语学习的消极心理或心理障碍，如不自信、焦虑等。在本调查中，一些上学期英语成绩在 80 分以上的研究生认为自己英语水平一般而不是较好，60~80 分的研究生认为自己英语水平差。虽然期末英语成绩不能完全反映学生的英语水平，但这种过低评估显示了他们对自己能力的不自信，而这种不自信又会加深他们对教师的依赖程度，因而无法主动发挥潜能，加强自主学习。造成这种现象的原因，一方面在于传统教学中教师是唯一的评估者，学生进行自我评估的机会和实践较少，对自己进行准确评价的能力还不具备；另一方面则在于教师的某些言语批评。因此，在研究生英语教学中，一方面可以多采用自我评估、同辈评估的评价方法促进学生对自身能力和水平的有效评价；另一方面，教师要多关注教学中的情感因素，多欣赏学生、善于发现学生的点滴进步，多鼓励、少批评，帮助学生形成更为积极的自我概念，增强自信心。

3. 课外学习时间对英语自主学习能力的影响

以自主学习能力为因变量、英语课外学习时间为自变量的单因变量单因素方差分析结果见表4-20。表4-20显示，英语课外学习时间的差异也会对研究生的自主学习能力产生效应。课外学习时间7小时以上的研究生的自主学习能力明显高于课外学习时间4~7小时和0~3小时者，课外学习时间4~7小时者的自主学习能力也高于课外学习时间0~3小时者。这表明用于课外自主学习的时间越多，自主学习能力越强，课外学习时间的投入是提高自主学习能力的一个重要因素。然而，本调查中课外学习时间7小时以上的研究生只有31人，占总人数的10.6%，相关针对大学生的研究也发现，每周保证7小时英语学习时间的大学生不到15%（王笃勤，2002）。如此少的课外学习时间加上课堂学习的非自主性，在一定程度上造成了研究生及大学生普遍自主学习能力较低的现状。因此，针对目前研究生自主学习能力一般的情况，在英语教学中开展教师指导的第二课堂教学活动或课外教学活动，加强教师对学生课外自主学习的指导与监控相当必要。

表4-20　　　因变量为自主学习能力的英语课外时间组间多重比较表

（I）课外学习时间	（J）课外学习时间	均值差	标准误差	显著水平	95%置信区间	
					下限	上限
0~3 小时	4~7 小时	−6.4445*	2.11899	0.011	−11.6582	−1.2307
	7 小时以上	−17.8701*	3.03104	0.000	−25.3279	−10.4123

续表

(I)课外 学习时间	(J)课外 学习时间	均值差	标准误差	显著水平	95%置信区间	
					下限	上限
4~7 小时	0~3 小时	6.4445*	2.11899	0.011	1.2307	11.6582
	7 小时以上	−11.4256*	3.32084	0.003	−19.5965	−3.2548
7 小时以上	0~3 小时	17.8701*	3.03104	0.000	10.4123	25.3279
	4~7 小时	11.4256*	3.32084	0.003	3.2548	19.5965

*在 0.05 显著水平上有显著性差异

4. 性别对英语自主学习能力的影响

对不同性别研究生的英语自主学习能力进行了独立样本 t 检验(见表 4-21),发现不同性别的研究生在总体自主学习能力上不存在显著性差异,但在自主学习能力的一个因素——了解教师教学目的及要求上,女研究生显著高于男研究生。这可以从社会文化角度来解释。社会心理学认为,社会上存在关于男女两性的刻板印象,例如普遍认为女性缺乏创造力,女学生更加听话,遵守相关纪律、规范。这一性别图式在自主学习中则体现为,女研究生较之男生更认同教师在教学中的主导地位,对现行的研究生英语教学模式接受或容忍程度更高。

表 4-21　　　　　**不同性别研究生英语自主学习能力的差异**

	总体英语 自主学习 能力	制定学习目标与 规划学习时间	了解教师教学 目的、要求	学习策略使用 及监控	自我反思	监控评估 学习过程
T 值	−0.633	−0.085	−2.105*	−0.185	−0.474	0.439
P 值	0.527	0.932	0.036	0.853	0.636	0.661

*在 0.05 显著水平上有显著性差异

四、结论与思考

本研究发现,硕士研究生的英语自主学习能力仅达到中等水平,特别是在对学习过程的监控、评估以及对学习策略使用及监控方面需要加强训练。研究生的自主学习观念对自主学习能力有一定的影响，但积极的观念并不等同于能力。英语水平自我评价则对自主学习能力有显著影响，积极的自我评价有助于促进自主学习能力的发展，消极的自我概念则制约其自主学习行为与能力。课外学习时间的投入也是影响自主学习能力的一个重要因素，只有不断实践才能带来能力上的提高。性别差异则对英语自主学习能力基本上不产生影响。

　　本研究对研究生英语教学的启示为：(1)研究生英语自主学习意识强，但自主学习能力与意识之间存在一定差距，需加强自主学习实践，如在教学中突出学生的自主性和教学主体性，使他们积极参与和交流学习过程；(2)研究生元认知策略能力相对缺乏，应在课堂教学中融入对策略的指导和培训；(3)教师应合理有效地介入研究生的英语学习，尤其是课外英语学习，在学习内容、学习材料、学习策略等方面给予针对性的指导、分析和培训；(4)英语教学中的情感因素应得到更充分的重视，教师要多鼓励、多表扬学生，帮助学生形成对自己积极肯定的认识和评价，提高自信心，建立良好的自我概念，从而促进自主学习能力的培养。

第五章　总结与展望

目前，二语习得界对学习者因素的研究发展较快，呈现出繁荣之势，积累了丰富的研究成果。本书只是在该领域进行了一些尝试性的探索。其中，第一章对二语学习者因素进行了概述，并对三个核心要素（学习者投入、二语焦虑、二语学习策略）的主要研究图景进行了简要综述，第二章至第四章探讨了这三个核心要素的相关方面，得出了一定的研究结果。最后一章将总结本书中围绕这三个核心要素开展的相关研究的一些主要发现，讨论本书研究结果对实际教学的启示意义，并展望未来的研究方向。

第一节　主要研究发现

本书对学习者因素中的三个核心要素——学习者投入、二语焦虑、学习策略进行了较系统的研究与调查，现就各项研究情况及主要研究发现进行总结。

全书共有两项研究聚焦学习者投入。在批注式阅读教学对大学英语学习者投入的影响研究中，运用批注式阅读教学开展为期九周的大学英语学习者投入干预实验，通过投入问卷和反思日志收集数据发现：（1）虽未达到显著性差异，但批注式阅读教学实验组在行为、情感、认知三个维度的投入都高于传统讲解式教学对照组；反思日志中实验组的行为和认知投入也体现了更高水平的量和质；（2）批注式阅读教学中的教师认知支持，以及以批注任务为中心的课堂教学与互动，有效地满足了学习者的能力需求和自主需求等基本心理需求，从而对其投入产生了积极的促进作用。

在基于移动平台的大学生课外英语原著阅读投入研究中，通过阅读平台学习数据收集、文本分析和问卷调查，发现学生情感投入程度较高，行为和社会投入处于中等程度，认知局限于理解层次；行为投入的两个子维度与情感、认知和社会投入的某个或多个子维度显著正相关，认知与社会投入也在一个子维度上显著正相关，但情感投入与认知投入、社会投入在任一子维度上都不显著相关；性别对于认知投入具有显著效应，对其他维度则无显著效应。

共有四项研究聚焦二语焦虑。在非英语专业大学生英语学习焦虑多维度研究中，对学生大学英语课堂和听、说、读、写 4 项技能学习共 5 个维度的焦虑进行了全面系统的调查，发现学生总体和各维度焦虑均处于中等程度，焦虑值从高到低依次为课堂、口语、听力、写作与阅读焦虑，并且课堂焦虑显著高于阅读和写作焦虑，阅读焦虑显著低于其他 4 个维度；男、女生在口语焦虑的低主动倾向因子上存在显著差异，在总体、5 个维度以及各维度其他因子上的焦虑无显著差异。

在大学英语"写长法"对写作焦虑并写作能力影响作用的实验研究中，发现"写长法"有助于降低学生的英语写作焦虑并提高其写作能力，这一写作教学方法主要通过鼓励式批阅、百分制分项量化评分和提供大量语言输出实践机会有效降低学生的写作焦虑，促进学生写作能力提高。

在中国非英语专业大学生的外语写作焦虑研究中，采用"二语写作焦虑量表"，通过问卷与访谈对 453 名中国非英语专业大学生的外语写作焦虑状况进行了调查，发现由课堂教学焦虑、构思焦虑、回避行为及自信忧虑四个因素构成的外语写作焦虑在大学生中普遍存在，其中回避行为达到高焦虑水平；高、低焦虑水平被试的写作成绩有显著差异；写作焦虑与写作成绩呈显著负相关；被试外语写作能力及总体语言能力的自我评价对写作焦虑产生显著效应。

在大学英语分层次教学背景下的写作焦虑实证研究中，采用 Cheng（2004）编制的"二语写作焦虑量表"，对大学英语一般要求、较高要求和更高要求三个层次的学习者进行的问卷调查发现，英语写作焦虑在 3 个层次的大学生中普遍存在，其中一个因素——回避行为接近高焦虑水平；单因变量方差分析显示，3 个层次的受试者在写作焦虑上没有显著差异，但写作成绩差异显著；皮尔逊相关分析表明，一般要求层次受试者的认知焦虑与写作成绩呈显著负相关。

共有四项研究聚焦学习策略。在大学英语师生学习策略教授与使用的相关性实证研究中，独立样本 t 检验的结果表明，师生在所有 6 种学习策略的教授和使用上都存在统计上的显著性差异，相关分析则表明师生记忆、认知、补偿、元认知及情感策略的教授和使用不存在统计上的相关，而社会策略的教授和使用呈一定的正相关。

在我国大学英语教材使用情况调查研究中，对我国 4 个城市、7 所不同层次高校的 607 名非英语专业大学生使用大学英语读写教材与听说教材实际情况的问卷调查发现：(1)学生的大学英语教材学习仍以考试为导向，自主学习意识和能力较薄弱；(2)学生对所使用的大学英语教材总体满意度尚可，但对教材内容是否激发学习兴趣、能否保证学习的可持续性评分较低；(3)学生对使用大学英语教材所能达到效果的评估反映出教材对专业及通用学术场景语言能力培养的忽视以及大学英语学习和教学目标的模糊性。

在计算机网络环境下的非英语专业研究生自主英语学习的研究中，发现尽管研究生对计算机辅助语言教学持积极肯定的态度，但在自主英语学习中不能有效利用现代信息技术；有着不同的英语水平自我评价和课外学习时间的研究生在自主英语学习行为上存在显著性差异。

在研究生英语自主学习能力及相关影响因素的研究中，7 所高校 292 名研究生的问卷数据分析显示，研究生的英语自主学习能力仅处于中等水平；英语水平自我评价和课外学习时间对自主学习能力影响显著；自主学习观念对自主学习能力有一定影响；性别差异则基本上不产生影响。

第二节　研究贡献与教学启示

学习者投入、二语焦虑、学习策略研究在教学实践方面具有深远的意义。学习者在学习过程中的多维投入、基于不同焦虑源产生的焦虑这一负面情绪、对学习策略的使用与自我调节，都对其学习体验、学习成效以及教师的教学产生重要影响，并与学习发生的整个情境甚至宏观、动态的社会文化背景/环境相互关联。本书对这三个重要学习者因素的研究涵盖多个方面，既有针对学习者投入的干预实验研究、在现代技术情境下的学习者投入研究，又有对学习者课堂及听、说、读、写不同技能学习情境下多维度焦虑的综合研究、写作教学情境下专门的写作焦虑研究，还有教师与学生策略教授与使用的对比研究、教材方面的学习策略研究、自主学习情境下的学习策略研究。这些研究具有较好的创新性和实践性，例如，投入干预实验研究是在国内学习者投入研究领域的第一次干预实验尝试，对二语焦虑的多维度综合研究、采用"写长法"实施的焦虑干预实验研究都是焦虑研究领域的创新之举，对学习策略教授与使用主体(即教师与学生)的对比研究，以及从学生视角进行的教材使用策略研究等都在实际教学问题的指引下开展，以帮助解决实际问题。所有这些研究都拓展了相关构念在国内的本土化研究，并对二语/外语教学有着重要的启示意义，具体如下：

(1)对学生基本心理需求，即自主需求、能力需求、关系需求的满足在二语/外语教学中不可忽略，本书中投入干预实验研究通过有效满足学习者的能力需求和自主需求，对其课内外投入产生了积极的促进作用。在阅读投入研究中发现，学生基于移动平台的阅读投入受到这三类基本心理需求满足程度的影响。教师可通过强化认知支持、提供有效支架来更好满足学生的能力需求，通过挑战性、自主性活动/任务的设计关注学生的自主需求，通过在课程中营造生师、生生之间友好、协作、互助的交流和学习环境，增强语言学习共同体的团体归属感，从而更好达成对学生关系需求的满足，最终助力学生的二语发展。

(2)无论是在课堂情境下，还是在听、说、读、写不同技能学习情境下，二语焦虑这一构念都包含不自信/自信忧虑因子这一重要组成部分。尤其在写作教学情境下，本书中的多项写作焦虑研究都凸显了提升学生(尤其是一般要求层次学生)自信心和积极自我概念的重要性，教师需在教学中各个阶段的评价、反馈环节多关注学生的情感状态，引导学生构建起对自我的肯定、赞赏和激励，将其注意力从对错误的恐惧和忧虑中转移出来，认识到自己的长处，让自己有信心而且有动力去进一步发挥长处，进一步挖掘闪光点，用乐观、积极的态度面对语言学习，促进学习质量和成绩的提高。这一启示与当下二语领域的"积极转向"不谋而合，十分强调对积极要素的建构，有利于推动二语/外语教育实践将语言教育与积极教育相融合。

(3)在学习策略方面，本书相关研究发现，本科生、研究生学习者都在策略使用方面有待提高，教师在学生的策略学习、内化、灵活运用等方面的中介作用亦难以令人满意，学习者在对策略的认知、所持态度与实际使用方面存在较大的差距。鉴于学习策略是影响学习者二语/外语学习成效的关键可控因素之一(查德华、韩宝成，2022），教师自身以及教师培训需将学习策略，包括一般性的二语/外语学习策略以及具体不同语言技能/内容学习方面的策略（如听、说、读、写学习策略及语法学习策略）纳入持续性的学习与培训中，从而在此系统、全面的知识体系基础上，有意识地重视学生学习策略意识的形成和策略的选择使用，在不同情境下对他们进行策略评估和提供策略支持，引导学生在各种情形下自动、隐性地使用相关策略，最终增强外语教学有效性、提升学生外语学习成就。

第三节　未来研究方向

学习者个体差异研究，尤其是有关学习者投入、二语焦虑和学习策略的研究，在很多方面值得进一步探索。本书在研究内容和研究方法上还有一些不足之处有待完善。未来可以从以下方面继续开展研究：

（1）二语学习者个体差异研究已有的相关成果主要聚焦于学习者个体差异因素与社会文化因素、心理因素的关系研究，以及学习者个体差异因素对学业成就的影响研究这三个主题。相关研究可在规模和深度上进一步扩展。例如，采用复杂动态系统理论的视角，考察多个学习者个体差异因素之间的关系，考察二语/外语学习过程个体差异因素与学习环境（如课堂学习环境、学习任务、社会文化环境）的互动。可选取多个因素纳入考量范围，将传统的孤立、静态研究视角转变为多维、动态新视角。正如郑咏滟、温植胜（2013：56）所指出的，"学习者个体因素相互连接，分别考察之并不能取得预期效果"。还可以采用历时的纵向研究，关注学习者个体差异因素与环境在不同时间尺度相互作用的细微变化，总结其发展和变异规律，促进学习者在时间纵向上心理、情绪等各方面特质的良性发展。

（2）除了从整体二语/外语学习/习得的视角进行研究，未来研究可进一步关注学习过程中学习者个体差异因素在各项具体语言技能（如听、说、读、写、译等）的学习和提升方面所发挥的作用，通过聚焦具体的二语技能学习并进行跟踪研究，从而更深入、全面地了解其特点和相关学习者心理过程，为二语教学提供更有针对性的教学实践启示。

（3）在二语习得研究的积极心理转向背景下，愉悦、坚毅、心理弹性等积极心理因素得到重视，但这并不意味着我们只需关注积极心理，而完全忽略消极心理和情绪(如焦虑)，无论是积极心理因素还是消极心理因素，研究的重点都在于探索心理背后的影响因素，从而更好地引导、帮助学习者最大限度地利用好积极心理和消解负面心理及情绪，最终做到能积极、从容地应对二语学习过程中需要应对的外界挑战，优化二语习得效果。

(4)就研究对象而言，已有研究多以大学生为研究对象，未来研究可拓展至中小学生、研究生、职业院校学生等；同时，以往研究对象多以英语为二语/外语，未来研究可关注以非英语为二语/外语的学习者群体，使学习者因素研究在研究对象方面更为全面、系统，将学习者因素研究置于更为宏观的社会视角下。

(5)就研究情境而言，在当下现代技术、新兴教育技术辅助二语/外语学习已成大势的环境下，需加大对现代技术辅助条件下，如游戏化情境、虚拟现实情境、AI融入外语学习情境下的二语/外语学习和学习者因素研究，促进一线教师对此形成新认知和新行为，以适应技术新时代背景下的二语/外语教学。

(6)鉴于学习者因素研究的根本目的是为了更好地开展二语/外语教育教学，在此领域中应有更多的教学干预方面的实验研究，通过实验研究帮助研究者和一线教师知晓、验证在实践中可以或应该采用何种方法、手段以优化教学设计、提高教学质量，以及如何科学操作以保障教学干预的效用。

参 考 文 献

［1］ Aida, Y. Examination of Horwitz, Horwitz, and Cope's construct of foreign language anxiety: The case of students of Japanese ［J］. *Modern Language Journal*, 1994 (2): 155-168.

［2］ Al-Hoorie, A. H., Oga-Baldwin, W. L. Q., Hiver, P., & Vitta, J. P. Self-determination mini-theories in second language learning: A systematic review of three decades of research ［J］. *Language Teaching Research*, 2022: 1-36.

［3］ Anderson, L. W. & Krathwhol, D. R. *A Taxonomy for Learning Teaching and Assessment A Revision of Bloom's Taxonomy of Educational Objectives* ［M］. New York: Longman, 2001.

［4］ Appleton, J. J., Christenson, S. L., Kim, D., et al. Measuring cognitive and psychological engagement: Validation of the student engagement instrument ［J］. *Journal of School Psychology*, 2006 (44): 427-445.

［5］ Arabski, J. & Wojtaszek, A. *Individual Learner Differences in SLA* ［M］. Bristol: Multilingual Matters, 2011.

［6］ Arndt, H. L. Construction and validation of a questionnaire to study engagement in informal second language learning ［J］. *Studies in Second Language Acquisition*, 2023 (45): 1456-1480.

［7］ Arnold, J. *Affect in Language Learning* ［M］. Beijing: Foreign Language Teaching and Research Press, 2005: 58-67.

［8］ Aubrey, S., King, J., & Almukhaild, H. language learner engagement during speaking tasks: A longitudinal study ［J］. *RELC Journal*, 2020: 1-15.

［9］ Bai, B., Nie, Y., & Lee, A. N. Academic self-efficacy, task importance and interest: Relations with English language learning in an Asian context [J]. *Journal of Multilingual and Multicultural Development*, 2022, 43 (5): 438-451.

[10] Bandura, A. Self-efficacy: Towards a unifying theory of behavior change [J]. *Psychological Review*, 1977 (2): 191-215.

[11] Bernhardt, E. B. A model of L2 text reconstruction: The recall of literary text by learners of German [A]. In Labarca, A. & Bailey, L. M. (eds.). *Issues in L2: Theory as Practice, Practice as Theory* [C]. Norwood, NJ: Ablex, 1990: 21-43.

[12] Botes, E., Dewaele, J. -M., & Greiff, S. Taking stock: A meta-analysis of the effects of foreign language enjoyment [J]. *Studies in Second Language Learning and Teaching*, 2022, 12 (2): 205-232.

[13] Breen, M. P. & Candlin, C. N. Which materials? A consumer's and designer's guide [A]. In Sheldon, L. E. (ed.). *ELT Textbooks and Materials: Problems in Evaluation and Development* [C]. London: Modern English Publications in association with the British Council, 1987: 13-28.

[14] Brown, H. *A Practical Guide to Language Learning* [M]. New York: McGraw. 1989.

[15] Çağatay, S. Examining EFL students' foreign language speaking anxiety: The case at a Turkish state university [J]. *Procedia-Social and Behavioral Sciences*, 2015 (199): 648-656.

[16] Cheng, Y. A measure of second language writing anxiety: Scale development and preliminary validation [J]. *Journal of Second Language Writing*, 2004, (4): 313-335.

[17] Cheng, Y., Horwitz, E. K., & Schallert, D. R. Language anxiety: Differentiating writing and speaking components [J]. *Language Learning*, 1999, (3): 417-446.

[18] Cheon, S. H., Reeve, J., & Vansteenkiste, M. When teachers learn how to provide classroom structure in an autonomy-supportive way: Benefits to teachers and their students [J]. *Teaching and Teacher Education*, 2020, 90: 103004.

[19] Christenson, S., Reschly, A., & Wylie, C. *Handbook of research on student*

engagement [M]. New York, NY: Springer. 2012.

[20] Cohen, A., Oxford, R., & Chi, J. *Learning strategies survey* [M]. Minneapolis, MN: University of Minnesota, 2003.

[21] Cohen, J. *Statistical power analysis for the behavioral sciences* [M]. Mahwah, NJ: Lawrence Earlbaum Associates, 1988.

[22] Craik, F. & Lockhart, R. Levels of processing: A framework for memory research [J]. *Journal of Verbal Learning & Verbal Behavior*, 1972, 11 (6): 671-684.

[23] Cronbach, L. *Remaking the concept of aptitude: Extending the legacy of Richard E. Snow* [M]. Mahwah, NJ: Lawrence Erlbaum Associates. 2002.

[24] Csizér, K. & Albert, A. Trait and State Perspectives of Individual Difference Research. In Gregersen, T. & S. Mercer (eds.). *The Routledge Handbook of the Psychology of Language Learning and Teaching*. New York: Routledge. 2022: 339-349.

[25] Csizér, K. & Tankó, G. English majors' self-regulatory control strategy use in academic writing and its relation to L2 motivation [J]. *Applied Linguistics*, 2017, 38 (3): 386-404.

[26] Cunningsworth, A. *Evaluating and Selecting EFL Teaching Materials* [M]. London: Heinemann. 1984.

[27] Cunningsworth, A. *Choosing Your Coursebook* [M]. Shanghai: Shanghai Foreign Language Education Press. 2002.

[28] Daly, J. A. & Miller, M. D. The empirical development of an instrument of writing apprehension [J]. *Research in the Teaching of English*, 1975, (3): 242-249.

[29] Daly, J. A. & Wilson, D. A. Writing apprehension, self-esteem, and personality [J]. *Research in the Teaching of English*, 1983, (4): 327-341.

[30] Dao, P. Effects of task goal orientation on learner engagement in task performance [J]. *International Review of Applied Linguistics in Language Teaching (IRAL)*, 2019.

［31］ Dao, P. Effect of interaction strategy instruction on learner engagement in peer interaction ［J］. *System*, 2020.

［32］ Dao, P. & McDonough, K. Effect of proficiency on Vietnamese EFL learners' engagement in peer interaction ［J］. *International Journal of Educational Research*, 2018 （88）: 60-72.

［33］ Dao, P. , Nguyen, M. , Duong, P. , & Tran-Thanh, V. Learners' Engagement in L2 Computer-Mediated Interaction: Chat Mode, Interlocutor Familiarity, and Text Quality ［J］. *The Modern Language Journal*, 2021, 105 （4）: 767-791.

［34］ Dao, P. & Sato, M. Exploring fluctuations in the relationship between learners' positive emotional engagement and their interactional behaviours ［J］. *Language Teaching Research*, 2021, 25 （6）: 972-994.

［35］ Derakhshan, A. , Doliński, D. , Zhaleh, K. , Janebi Enayat, M. , & Fathi, J. Predictability of Polish and Iranian student engagement in terms of teacher care and teacher-student rapport ［J］. *System*, 2022 （106）: 102790.

［36］ Derakhshan, A. , Fathi, J. , Pawlak, M. , & Kruk, M. Classroom social climate, growth language mindset, and student engagement: The mediating role of boredom in learning English as a Foreign Language ［J］. *Journal of Multilingual and Multicultural Development*, 2022: 1-19.

［37］ Dewaele, J. -M. & Li, C. C. Teacher enthusiasm and students' social-behavioral learning engagement: The mediating role of student enjoyment and boredom in Chinese EFL classes ［J］. *Language Teaching Research*, 2021, 25 （6）: 922-945.

［38］ Dewaele, J. -M. & MacIntyre, P. D. The two faces of Janus? Anxiety and enjoyment in the foreign language classroom ［J］. *Studies in Second Language Learning and Teaching*, 2014 （2）: 237-274.

［39］ Dewaele, J. -M. , Witney, J. , Saito, K. , & Dewaele, L. Foreign language enjoyment and anxiety: The effect of teacher and learner variables ［J］. *Language Teaching Research*, 2018, 22 （6）: 676-697.

［40］ Dickinson, L. Autonomy and Motivation: A Literature Review ［J］. *System*,

1995, 23（2）：165-174.

［41］ Dikilitaş, K. , & Griffiths, C. *Developing teacher autonomy through action research* ［M］. Cham, Switzerland：Palgrave Macmillan, 2017.

［42］ Dincer, A. , Yesilyurt, S. , Noels, K. A. , & Vargas Lascano, D. I. Classroom engagement of EFL learners within the self-system model of motivational processes：A mixed methods study ［J］. *SAGE Open*, 2019, 9（2）：1-15.

［43］ Dörnyei, Z. *The psychology of the language learner：Individual differences in second language acquisition* ［M］. Mahwah, NJ：Lawrence Erlbaum, 2005.

［44］ Dörnyei, Z. *Research methods in applied linguistics* ［M］. Oxford：Oxford University Press, 2007.

［45］ Dörnyei, Z. & Skehan, P. Individual differences in second language learning ［A］. In C. Doughty, & M. Long（eds. ）, *Handbook of second language acquisition* ［C］. Oxford, UK：Blackwell, 2003：589-630.

［46］ Dörnyei, Z. & Ryan, S. *The psychology of the language learner revisited* ［M］. London：Routledge, 2015.

［47］ Dreyer, C. & Oxford, R. L. Learning strategies and other predictors of ESL proficiency among Africaans speakers in South Africa ［A］. In R. L. Oxford（ed.）. *Language learning strategies around the world：Cross-cultural perspectives* ［C］. Hawaai：Second Language Teaching and Curriculum Centre：University of Hawai'i at Manoa, 1996：61-74.

［48］ Eccles, J. S. Engagement：Where to next? ［J］. *Learning and Instruction*, 2016（43）：71-75.

［49］ Egbert, J. A study of flow theory in the foreign language classroom ［J］. *The Modern Language Journal*, 2003, 87（4）：499-518.

［50］ Elkhafaifi, H. Listening comprehension and anxiety in the Arabic language classroom ［J］. *The Modern Language Journal*, 2005（2）：206-220.

［51］ Ellis, R. The empirical evaluation of language teaching materials ［J］. *ELT Journal*, 1997（1）：36-42.

［52］ Ellis, R. *The Study of Second Language Acquisition* ［M］. Shanghai：Shanghai

Foreign Language Education Press. 1999.

[53] Ellis, R. Foreword [A]. In S. Li, P. Hiver, & M. Papi (eds), *The Routledge Handbook of Second Language Acquisition and Individual Differences* [C]. New York: Routledge, 2022: xxiv-xxvii.

[54] Eren, A. & Rakıcıoğlu-Söylemez, A. Language mindsets, perceived instrumentality, engagement and graded performance in English as a foreign language students [J]. *Language Teaching Research*, 2020: 1-31.

[55] Faigley, L., Daly, J. A., & Witte, S. P. The role of writing apprehension in writing performance and competence [J]. *Journal of Educational Research*, 1981 (1): 16-21.

[56] Fowler, B. & Ross, D. The comparative validities of differential placement measures for college composition courses [J]. *Educational and Psychological Measurement*, 1982 (4): 1107-1115.

[57] Fredricks, J. A., Blumenfeld, P., & Paris, A. School engagement: Potential of the concept, state of the evidence [J]. *Review of Educational Research*, 2004, 74 (1): 59-109.

[58] Grabe, W. & Stoller, F. L. *Teaching and Researching: Reading* [M]. London: Routledge, 2011.

[59] Grainger, P. R. Language learning strategies for learners of Japanese: Investigating ethnicity [J]. *Foreign Language Annals*, 1997 (3): 378-385.

[60] Granena, G. Individual differences in sequence learning ability and second language acquisition in early childhood and adulthood [J]. *Language Learning*, 2013 (63): 665-704.

[61] Granena, G. & Long, M. H. *Sensitive Periods, Language Aptitude, and Ultimate L2 Attainment* [M]. Amsterdam: John Benjamins, 2013.

[62] Gregersen, T., MacIntyre, P. D., & Meza, M. D. The motion of emotion: Idiodynamic case studies of learners' foreign language anxiety [J]. *The Modern Language Journal*, 2014, 98 (2): 574-588.

[63] Griffiths, C. Patterns of language learning strategy use [J]. *System*, 2003, 31

（3）：367-383.

［64］ Griffiths, C. , & Soruç, A. *Individual differences in language learning*: *A Complex Systems Theory Perspective* ［M］. London：Palgrave，2020.

［65］ Gu, Y. , Wen, Q. , & Wu, D. How often is Often? Reference ambiguities of the Likert-scale in language learning strategy research ［A］. In *Occasional papers in English language teaching*, 5 ［C］. Hong Kong：ELT unit, Chinese University of Hong Kong, 1995：19-35.

［66］ Guo, W. , Bai, B. , & Zang, F. et al.. Influences of motivation and grit on students' self-regulated learning and English learning achievement：a comparison between male and female students ［J］. *System*, 2023 （114）：103018.

［67］ Guo, Y. , Xu, J. , & Chen, C. Measurement of engagement in the foreign language classroom and its effect on language achievement：The case of Chinese college EFL students ［J］. *International Review of Applied Linguistics in Language Teaching* （*IRAL*）, 2022.

［68］ Guo, Y. , Xu, J. , & Liu, X. English language learners' use of self-regulatory strategies for foreign language anxiety in China ［J］. *System*, 2018 （76）：49-61.

［69］ Guo, Y. , Xu, J. , & Xu, X. An investigation into EFL learners' motivational dynamics during a group communicative task：A classroom-based case study ［J］. *System*, 2020, 89 （2）：102214.

［70］ Guthrie, J. T. & Klauda, S. L. Engagement and motivational processes in reading ［A］. In P. Afflerbach （ed.）. *Handbook of Individual Differences in Reading*：*Reader, Text and Context* ［C］. New York：Routledge Publishers, 2016：41-53.

［71］ Hidi, S. & Renninger, K. A. The four-phase model of interest development ［J］. *Educational Psychologist*, 2006, 41 （2）：111-127.

［72］ Hiver, P. , Al-Hoorie, A. H. , & Mercer, S. （eds.）. *Student Engagement in the Second Language Classroom* ［C］. Bristol：Multilingual Matters, 2021a.

［73］ Hiver, P. , Al-Hoorie, A. H. , Vitta, J. P. , & Wu, J. Engagement in language learning：A systematic review of 20 years of research methods and definitions [J]. *Language Teaching Research*, 2021b: 1-30.

[74] Hiver, P., Mercer, S., & Al-Hoorie, A. H. Introduction [A]. In P. Hiver, A. H. Al-Hoorie, & S. Mercer (eds.). *Student Engagement in the Language Classroom* [C]. Multilingual Matters, 2021c: 1-13.

[75] Hiver, P. & Solarte, A. S. Resilience in language learning and use [A]. In T. Gregersen & S. Mercer (eds.). *Routledge Handbook of the Psychology of Language Learning* [C]. London: Routledge, 2021: 205-217.

[76] Hiver, P., Zhou, S. Y., Tahmouresi, S., Sang, Y., & Papi, M. Why stories matter: Exploring learner engagement and metacognition through narratives of the L2 learning experience [J]. *System*, 2020 (91): 102260.

[77] Hofkens, T. L. & Pianta, R. C. Teacher-student relationships, engagement in school, and student outcomes [A]. In A. L Reschly & S. L. Christenson (eds.). *Handbook of Research on Student Engagement* (2nd ed.) [C]. Cham, Switzerland: Springer, 2022: 431-449.

[78] Hoi, V. A synergetic perspective on students' perception of classroom environment, expectancy value belief, and engagement in an EFL context [J]. *Language Teaching Research*, 2022, Article 13621688221075781.

[79] Hoi, V. Giving choices or making tasks relevant? Classroom practices that foster L2 learner engagement [J]. *System*, 2023 (116): 1-13.

[80] Hoi, V., Hoang, H., & Hu, G. Developmental trajectories of second language learner classroom engagement: Do students' task value beliefs and teacher emotional support matter? [J]. *System*, 2024 (123): 103325.

[81] Holec, H. *Autonomy and Foreign Language Learning* [M]. Oxford: Pergamon Press, 1981.

[82] Horwitz, E. K. Language anxiety and achievement [J]. *Annual Review of Applied Linguistics*, 2001 (1): 112-126.

[83] Horwitz, E. K., Horwitz, M. B., & Cope, J. A. Foreign language classroom anxiety [J]. *The Modern Language Journal*, 1986 (2): 125-132.

[84] Hutchinson, T. & Waters, A. *English for Specific Purposes* [M]. Cambridge:

Cambridge University Press, 1987.

[85] Ikeda, M. & Takeuchi, O. Can strategy instruction help ESL learners to improve their reading ability? An empirical study [J]. *JACET Bulletin*, 2003 (37): 49-60.

[86] Jackson, D. & Park, S. Self-regulation and personality among L2 writers: integrating trait, state, and learner perspectives [J]. *Journal of Second Language Writing*, 2020 (49): 100731.

[87] Jahedizadeh, S., Ghonsooly, B., & Ghanizadeh, A. Academic buoyancy in higher education: Developing sustainability in language learning through encouraging buoyant EFL students [J]. *Journal of Applied Research in Higher Education*, 2019, 11 (2): 162-177.

[88] Jang, H., Reeve, J., & Deci, E. L. Engaging students in learning activities: It is not autonomy support or structure, but autonomy support and structure [J]. *Journal of Educational Psychology*, 2010 (102): 588-600.

[89] Jiang, N. Form-meaning mapping in vocabulary acquisition in a second language [J]. *Studies in Second Language Acquisition*, 2002, 24 (4): 617-637.

[90] Khaldieh, S. Learning strategies and writing processes of proficient vs. less proficient learners of Arabic [J]. *Foreign Language Annals*, 2000 (5): 522-534.

[91] Kim, J. H. Foreign language listening anxiety: A study of Korean students learning English [D]. The University of Texas, Austin, TX, 2000.

[92] Kim, S. Questioning the stability of foreign language classroom anxiety and motivation across different classroom contexts [J]. *Foreign Language Annals*, 2009 (1): 138-157.

[93] Kim, T. -Y. & Kim, Y. -K. The impact of resilience on L2 learners' motivated behaviour and proficiency in L2 learning [J]. *Educational Studies*, 2017, 43 (1): 1-15.

[94] Kim, T., Kim, Y., & Kim, J. Role of resilience in (de)motivation and second language proficiency: Cases of Korean elementary school students [J]. *Journal of*

Psycholinguistic Research, 2019, 48 (2): 371-389.

[95] Kimura, H. Foreign language listening anxiety: Its dimensionality and group differences [J]. *JALT Journal*, 2008, 30 (2), 173-195.

[96] Kohnke, L. & Har, F. Perusall encourages critical engagement with reading texts [J]. *RELC Journal*, 2022.

[97] Krashen, S. *Principles and Practice in Second Language Acquisition* [M]. Oxford: Pergamon, 1982.

[98] Krashen, S. *The Input Hypothesis: Issues and Implications* [M]. London: Longman, 1985.

[99] Krashen, S. D., Lee, S. -Y., & Lao, C. *Comprehensible and Compelling: The Causes and Effects of Free Voluntary Reading* [M]. Santa Barbara: Libraries Unlimited, 2018.

[100] Kusumaningputri, R., Ningsih, T. A., & Wisasongko, W. Second language writing anxiety of Indonesian EFL students [J]. *Lingua Cultura*, 2018, 12 (4), 357-362.

[101] Larsen-Freeman, D. & Cameron, L. Research methodology on language development from a complex systems perspective [J]. *The Modern Language Journal*, 2008 (92): 200-213.

[102] Latif, M. Eye-tracking in recent L2 learner process research: A review of areas, issues, and methodological approaches [J]. *System*, 2019 (83): 25-35.

[103] Law, J., Barny, D., & Poulin, R. Patterns of peer interaction in multimodal L2 digital social reading [J]. *Language Learning & Technology*, 2020, 24 (2): 70-85.

[104] Lee, S. P. Computer-detected attention affects foreign language listening but not reading performance [J]. *Perceptual and Motor Skills*, 2016, 123 (1), 33-45.

[105] Li, C. & Dewaele, J. -M. Understanding, measuring, and differentiating task enjoyment from foreign longuage enjoyment [A]. In S. Li (ed.). Individual Differences in Task-Based Language Learing and Teaching [C]. Amsterdam,

Netherlands: John Benjamins, 2024: 84-110.

[106] Li, C., Jiang, G., & Dewaele, J. -M. Understanding Chinese high school students' foreign language enjoyment: Validation of the Chinese version of the foreign language enjoyment scale [J]. *System*, 2018 (76): 183-196.

[107] Li, S., Hiver, P., & Papi, M. (eds). *The Routledge Handbook of Second Language Acquisition and Individual Differences* [C]. New York: Routledge, 2022.

[108] Liu, E., Dewaele, J-M., & Wang, J. Developing a short language classroom engagement scale (LCES) and linking it with needs satisfaction and achievement [J]. *System*, 2024 (120): 103189.

[109] MacIntyre, P. Motivation, anxiety, and emotion in second language acquisition [A]. In P. Robinson (ed.). *Individual differences and instructed language learning* [C]. Amsterdam: John Benjamins, 2002: 45-68.

[110] MacIntyre, P. D. & Gardner, R. C. Anxiety and second language learning: Toward a theoretical clarification [J]. *Language Learning*, 1989 (2): 251-275.

[111] MacIntyre, P. D. & Gardner, R. C. Language anxiety: Its relation to other anxieties and processing in native and second languages [J]. *Language Learning*, 1991 (4): 513-534.

[112] MacIntyre, P. D. & Gardner, R. C. The subtle effects of induced anxiety on cognitive processing in the second language [J]. *Language Learning*, 1994 (2): 283-305.

[113] MacIntyre, P. D., Noels, K. A., & Clement, R. Biases in self-ratings of second language proficiency: The role of language anxiety [J]. *Language Learning*, 1997 (2): 265-287.

[114] Martin, A. Motivation and Engagement Across the Academic Life Span: A Developmental Construct Validity Study of Elementary School, High School, and University/College Students [J]. *Educational and Psychological Measurement*, 2009, 69 (5): 794-824.

[115] Matsuda, S. & Gobel, P. Anxiety and predictors of performance in the foreign language classroom [J]. *System*, 2004, 32 (1): 21-36.

[116] McDonough, J. & Shaw, C. *Materials and Methods in ELT* [M]. Cambridge and Mass: Blackwell, 1993.

[117] McKain, T. L. Cognitive, affective, and behavioral factors in writing anxiety [D]. Unpublished doctoral dissertation. Catholic University of America, 1991.

[118] Mercer, S. & Dörnyei, Z. *Engaging Language Learners in Contemporary Classrooms* [M]. New York: Routledge, 2020.

[119] Mills, N., Pajares, F., & Herron, C. A reevaluation of the role of anxiety: Self-efficacy, anxiety, and their relation to reading and listening proficiency [J]. *Foreign Language Annals*, 2006, 39 (2): 276-295.

[120] Mohseniasl, F. Examining the effect of strategy instruction on writing apprehension and writing achievement of EFL learners [J]. *Theory and Practice in Language Studies*, 2014 (4): 811-817.

[121] Namkung, Y. & Kim, Y. Learner engagement in collaborative writing: The effects of SCMC mode, interlocutor familiarity, L2 proficiency, and task repetition [J]. *System*, 2024 (121): 103251.

[122] Nunnally, J. C. *Psychometric Theory (2nd ed.)* [M]. New York: McGraw-Hill, 1978.

[123] Nystrand, M. & Gamoran, A. Instructional discourse, student engagement, and literature achievement [J]. *Research in the Teaching of English*, 1991, 25 (3): 261-290.

[124] Nyikos, M. & Oxford, R. A factor analytic study of language-learning strategy use: Interpretations from information-processing theory and social psychology [J]. *The Modern Language Journal*, 1993 (1): 11-22.

[125] Oga-Baldwin, W. L. Q. Acting, thinking, feeling, making, collaborating: The engagement process in foreign language learning [J]. *System*, 2019 (86): 102128.

[126] Oga-Baldwin, W. L. Q. & Fryer, L. K. Engagement growth in language

learning classrooms: A latent growth analysis of engagement in Japanese elementary schools [A]. In P. Hiver, A. H. Al-Hoorie, & S. Mercer (eds.). *Student Engagement in the Language Classroom* [C]. Multilingual Matters, 2021: 224-240.

[127] Oga-Baldwin, W. L. Q. & Nakata, Y. Engagement, gender and motivation: A predictive model for Japanese young language learners [J]. *System*, 2017, 65 (2): 151-163.

[128] O'Malley, J. M. & Chamot, A. U. *Learning Strategies in Second Language Acquisition* [M]. Cambridge: Cambridge University Press, 1990.

[129] O'Malley, J. M., Chamot, A. U. Stewner-Manzanares, G. Russo, R., & Kupper, L. Learning strategy applications with students of English as a second language [J]. *TESOL Quarterly*, 1985, 19 (3): 557-584.

[130] Onwuegbuzie, A. J., Bailey, P., & Daley, C. E. Factors associated with foreign language anxiety [J]. *Applied Psycholinguistics*, 1999 (2): 217-239.

[131] Oxford, R. L. *Language learning strategies: What every teacher should know* [M]. New York: Newbury House, 1990.

[132] Oxford, R. L. Gender Differences in Language Learning Styles: What do They Mean? [A]. In J. M. Reid (ed.). *Learning Styles in the ESL/ EFL classroom* [C]. Boston, MA: Heinle & Heinle Publishers, 1995: 34-46.

[133] Oxford, R. L. Anxiety and the language learner: New insights [A]. In J. Anold (ed.). *Affect in Language Learning* [C]. Cambridge: Cambridge University Press, 1999: 58-67.

[134] Oxford, R. L. *Teaching and researching language learning strategies: Self-regulation in context* (2nd ed.) [M]. New York: Routledge, 2017.

[135] Oxford, R. L. & Burry-Stock, J. Assessing the use of language learning strategies worldwide with the ESL/EFL version of the strategy inventory for language learning (SILL) [J]. *System*, 1995, 23 (1): 1-23.

[136] Pekrun, R. The control-value theory of achievement emotions: Assumptions, corollaries, and implications for educational research and practice [J].

Educational Psychology Review, 2006 (4): 315-341.

[137] Peng, J. Willingness to communicate [A]. In S. Li, P. Hiver, & M. Papi. (eds). *The Routledge Handbook of Second Language Acquisition and Individual Differences* [C]. New York: Routledge, 2022: 159-171.

[138] Perfetti, C. A. & Liu, Y. Orthography to phonology and meaning: Comparisons across and within writing systems [J]. *Reading and Writing*, 2005 (3): 193-210.

[139] Phillips, E. M. The effects of language anxiety on students' oral test performance and attitudes [J]. *The Modern Language Journal*, 1992 (1): 14-26.

[140] Philp, J. & Duchesne, S. Exploring engagement in tasks in the language classroom [J]. *Annual Review of Applied Linguistics*, 2016 (36): 50-72.

[141] Phung, L. Task preference, affective response, and engagement in L2 use in a US university context [J]. *Language Teaching Research*, 2017 (21): 751-766.

[142] Poulisse, N. Compensatory strategies and the principles of clarity and economy [A]. In G. Kasper & E. Kellerman (eds.). *Communication Strategies: Psycholinguistic and Sociolinguistic Perspectives* [C]. London & New York: Longman, 1997: 49-64.

[143] Qiu, X. & Lo, Y. Y. Content familiarity, task repetition and Chinese English learners' engagement in L2 use [J]. *Language Teaching Research*, 2017 (21): 681-698.

[144] Rees-Miller, J. A critical appraisal of learner training: Theoretical bases and teaching implications [J]. *TESOL Quarterly*, 1993, 27 (4): 679-687.

[145] Reeve, J. A self-determination theory perspective on student engagement [A]. In S. L. Christenson, A. L. Reschly, & C. Wylie (eds.). *Handbook of Research on Student Engagement* [C]. New York, NY: Springer, 2012: 149-172.

[146] Reeve, J. How students create motivationally supportive learning environments for themselves: The concept of agentic engagement [J]. *Journal of Educational*

Psychology, 2013, 105 (3): 579-595.

[147] Reeve, J., Cheon, S. H., & Jang, H-R. A teacher-focused intervention to enhance students' classroom engagement [A]. In J. A. Fredricks., A. L. Reschly & S. L. Christenson (eds.). *Handbook of Student Engagement Interventions* [C]. London: Academic Press, 2019: 87-102.

[148] Reeve, J. & Jang, H. Agentic engagement [A]. In A. L. Reschly & S. L. Christenson (eds.). *Handbook of Research on Student Engagement* (2nd ed.) [C]. Cham, Switzerland: Springer, 2022: 95-107.

[149] Reeve, J. & Tseng, C. -M. Agency as a fourth aspect of students' engagement during learning activities [J]. *Contemporary Educational Psychology*, 2011, 36 (4): 257-267.

[150] Reschly, A. L. & Christenson, S. L. Epilogue [A]. In A. L. Reschly & S. L. Christenson (eds.). *Handbook of Research on Student Engagement* (2nd ed.) [C]. Cham, Switzerland: Springer, 2022: 659-666.

[151] Rezaei, M. & Jafari, M. Investigating the levels, types, and causes of writing anxiety among Iranian EFL students: A mixed method design [J]. *Procedia-Social and Behavioral Sciences*, 2014 (98): 1545-1554.

[152] Richmond, V. P. & Dickson-Markman, F. Validity of the writing apprehension test: Two studies [J]. *Psychological Reports*, 1985 (1): 255-259.

[153] Robinson, P. (ed.). *Individual differences and instructed language learning* [C]. Amsterdam/Philadelphia, PA: John Benjamins, 2002.

[154] Rogers, C. R. *On Becoming a Person: A Therapist's View of Psychotherapy* [M]. Boston: Houghton Mifflin, 1961.

[155] Rubin, J. What the 'good language learner' can teach us [J]. *TESOL Quarterly*, 1975, 9 (1): 41-51.

[156] Ryan, R. M. The nature of the self in autonomy and relatedness [A]. In J. Strauss & G. R. Goethal (eds.). *The Self: Interdisciplinary Approaches* [C]. New York: Springer, 1991.

[157] Ryan, R. M. & Deci, E. L. *Self-Determination Theory: Basic Psychological*

Needs in Motivation, Development and Wellness [M]. New York: Guilford Press, 2017.

[158] Saalh, S. M. & Kadhim, S. H. The EFL Students' academic buoyancy in reading and listening skills [J]. *Asian EFL Journal*, 2020, 27 (4): 226-253.

[159] Saito, Y., Horwitz, E. K., & Garza, T. J. Foreign language reading anxiety [J]. *The Modern Language Journal*, 1999 (2): 202-218.

[160] Saito, K., Sun, H., & Tierney, A. Explicit and implicit aptitude effects on second language speech learning: Scrutinizing segmental and superasegmental sensitivity and performance via behavioural and neurophysiological measures [J]. *Bilingualism: Language and Cognition*, 2019 (22): 1123-1140.

[161] Schweiker-Marra, K. E. & Marra, W. T. Investigating the effects of prewriting activities on writing performance and anxiety of at-risk students [J]. *Reading Psychology*, 2000 (2): 99-114.

[162] Sellers, V. D. Anxiety and reading comprehension in Spanish as a foreign language [J]. *Foreign Language Annals*, 2000 (5): 512-520.

[163] Sheen, Y. Recasts, language anxiety, modified output, and L2 learning [J]. *Language Learning*, 2008, 58 (4): 835-874.

[164] Sila, A. Y. Young adolescent students' foreign language anxiety in relation to language skills at different levels [J]. *The Journal of International Social Research*, 2010 (11): 83-91.

[165] Skehan, P. Individual Differences in Second Language Learning [J]. *Studies in Second Language Acquisition*, 1991, 13 (2): 275-298.

[166] Stern, H. What can we learn from the good language learner? [J] *Canadian Modern Language Review*, 1975 (34): 304-318.

[167] Stern, H. *Fundamental Concepts of Language Teaching* [M]. Oxford: Oxford University Press, 1983.

[168] Stevens, J. P. *Applied Multivariate Statistics for the Social Science* (2nd ed.) [M]. Hillsdale, NJ: Erlbaum, 1992.

[169] Stevens, J. P. *Applied Multivariate Statistics for the Social Sciences* (3rd ed.)

[M]. Mahwah, NJ: Erlbaum, 1996.

[170] Sulis, G. Engagement in the Foreign Language classroom: Micro and macro perspectives [J]. *System*, 2022 (110): 102902.

[171] Sulis, G. & Philp, J. Exploring connections between classroom environment and engagement in the Foreign Language classroom [A]. In P. Hiver, A. H. Al-Hoorie, & S. Mercer (eds.). *Student engagement in the language classroom* [C]. Multilingual Matters, 2020: 101-119.

[172] Sun, T. & Wang, C. College students' writing self-efficacy and writing self-regulated learning strategies in learning English as a foreign language [J]. *System*, 2020 (90): 102221.

[173] Svalberg, A. Engagement with language: Interrogating a construct [J]. *Language Awareness*, 2009, 18 (3-4): 242-258.

[174] Svalberg, A. Researching language engagement: Current trends and future directions [J]. *Language Awareness*, 2018 (27): 21-39.

[175] Swain, M. Communicative competence: Some roles of comprehensible input and comprehensible output in its development [A]. In S. Gass & C. Madden (eds.). *Input in Second Language Acquisition* [C]. Rowley, MA: Newbury House, 1985: 235-253.

[176] Swain, M. Three functions of output in second language learning [A]. In G. Cook & B. Seidlhofer (eds.). *Principle and Practice in Applied Linguistics: Studies in Honor of H. G. Widdowson* [C]. Oxford: Oxford University Press, 1995: 125-144.

[177] Swain, M. & Lapkin, S. Problems in output and the cognitive processes they generate: A step towards second language learning [J]. *Applied Linguistics*, 1995 (16): 371-391.

[178] Teimouri, Y., Plonsky, L., & Tabandeh, F. L2 grit: Passion and perseverance for second language learning [J]. *Language Teaching Research*, 2020, 26 (1): 1-26.

[179] Teng, L. S. Individual differences in self-regulated learning: exploring the

nexus of motivational beliefs, self-efficacy, and SRL strategies in EFL writing [J]. *Language Teaching Research*, 2024, 28 (2): 366-388.

[180] Teng, L. S. & Zhang, L. J. A questionnaire-based validation of multidimensional models of self-regulated learning strategies [J]. *The Modern Language Journal*, 2016, 100 (3): 674-701.

[181] Teravainen-Goff, A. Intensity and perceived quality of L2 engagement: Developing a questionnaire and exploring engagement of secondary school language learners in England [J]. *System*, 2023 (112): 102955.

[182] Tomlinson, B. *English Language Learning Materials: A Critical Review* [M]. London: Continuum, 2008.

[183] Turner, J. Using likert scales in L2 research [J]. *TESOL Quarterly*, 1993, 27 (4): 736-739.

[184] You, X. Y. "The choice made from no choice": English writing instruction in a Chinese university [J]. *Journal of Second Language Writing*, 2004 (2): 97-110.

[185] Valcke, M., De Wever, B., Zhu, C., & Deed, C. Supporting active cognitive processing in collaborative groups: The potential of Bloom's taxonomy as a labeling tool [J]. *Internet and Higher Education*, 2009, 12 (3-4): 165-172.

[186] Veenstra, R. & Weaver, C. Examining a continuum of FL speaking anxiety over time in an EFL classroom in Japan [J]. *System*, 2022 (110): 102889.

[187] Warschauer, M. Computer-Assisted language learning: An introduction [A]. In S. Fotos (ed.). *Multimedia Language Teaching* [C]. Tokyo: Logos International, 1996b: 3-20.

[188] Wenden, A. Incorporating learner training in the classroom [A]. In A. Wenden & J. Rubin (eds.). *Learner Strategies in Language Learning* [C]. NJ: Prentice Hall, 1987: 159-168.

[189] Woodrow, L. The challenge of measuring language learning strategies [J]. *Foreign Language Annals*, 2005, 38 (1): 90-98.

[190] Woodrow, L. Anxiety and speaking English as a second language [J]. *RELC Journal*, 2006 (3): 308-328.

[191] Yaikhong, K. & Usaha, S. A measure of EFL public speaking class anxiety: Scale development and preliminary validation and reliability [J]. *English Language Teaching*, 2012, 5 (12): 23-35.

[192] Yan, J. X. An examination of foreign language classroom anxiety: Its resources and effects in a college English program in China [D]. Unpublished doctoral dissertation, University of Texas, Austin. 1998.

[193] Yan, J. X. & Horwitz, E. K. Learners' Perceptions of How Anxiety Interacts With Personal and Instructional Factors to Influence Their Achievement in English: A Qualitative Analysis of EFL Learners in China [J]. *Language Learning*, 2008, 58 (1): 151-183.

[194] Yang, L. F., Zhang, L. J., & Dixon, H. R. Understanding the impact of teacher feedback on EFL students' use of self-regulated writing strategies [J]. *Journal of Second Language Writing*, 2023 (60): 101015.

[195] Yeh, H., Hung, H., & Chiang, Y. The use of online annotations in reading instruction and its impact on students' reading progress and processes [J]. *ReCALL*, 2017, 29 (1): 22-38.

[196] Young, D. J. The relationships between anxiety and foreign language oral proficiency [J]. *Foreign Language Annals*, 1986 (5): 439-445.

[197] Young, D. J. An investigation of students' perspectives on anxiety and speaking [J]. *Foreign Language Annals*, 1990 (6): 539-553.

[198] Young, D. J. Creating a low-anxiety classroom environment: What does language anxiety research suggest? [J]. *The Modern Language Journal*, 1991 (4): 426-439.

[199] Yun, S., Hiver, P., & Al-Hoorie, A. H. Academic Buoyancy: exploring learners' everyday resilience in the language classroom [J]. *Studies in Second Language Acquisition*, 2018, 40 (4): 805-830.

[200] Zhang, X. Foreign language anxiety and listening performance:

Conceptualizations and causal relationships [J]. *System*, 2013, 41 (1): 165-177.

[201] Zhang, X., Dai, S., & Ardasheva, Y. Contributions of (de)motivation, engagement, and anxiety to English listening and speaking [J]. *Learning and Individual Differences*, 2020 (79): 1-13.

[202] Zhao, A., Dynia, J., & Guo, Y. Foreign language reading anxiety: Chinese as a foreign language in the United States [J]. *The Modern Language Journal*, 2013 (3): 764-778.

[203] Zhou, S. A. & Hiver, P. The effect of self-regulated writing strategies on students' L2 writing engagement and disengagement behaviors [J]. *System*, 2022 (106): 102768.

[204] Zhou, S. A., Hiver, P., & Al-Hoorie, A. H. Dynamic engagement: A longitudinal dual-process, reciprocal effects model of teacher motivational practice and L2 student engagement [J]. *Language Teaching Research*, 2023.

[205] Zhou, S. A., Hiver, P., & Zheng, Y. Modeling intra- and inter-individual changes in L2 classroom engagement [J]. *Applied Linguistics*, 2022.

[206] Zimmerman, B. J. & Risemberg, R. Self-regulatory dimensions of academic learning and motivation [A]. In G. D. Phye (ed.). *Handbook of Academic Learning: Construction of Knowledge* [C]. San Diego: Academic Press, 1997: 105-125.

[207] Zoghi, M. An instrument for EFL reading anxiety: Inventory construction and preliminary validation [J]. *The Journal of Asia TEFL*, 2012, 9 (1): 31-56.

[208] Zoghi, M. & Alivandivafa, M. EFL reading anxiety inventory (EFLRAI): Factorial validity and reliability [J]. *Journal of Psychoeducational Assessment*, 2014, 32 (4), 318-329.

[209] 包桂影, 谢芸. 大学英语教学中基于性别角色的心理素质培养 [J]. 继续教育研究, 2010 (8): 130-131.

[210] 蔡晨. 环境给养感知与网络学习情感投入的关系探究——调节学习能力的中介效应 [J]. 现代外语, 2023 (6): 793-804.

［211］ 常海潮．从 Dörnyei 等人对学习策略的批评看二语习得个体差异研究现状和走向［J］．中国外语，2017（4）：54-61．

［212］ 常海潮，策略性自我调控（S2R）模型——二语学习策略理论的承续和突破［J］．外语电化教学，2019（4）：54-60．

［213］ 常海潮．英语专业学生学习情感自我调控历时研究——基于学习焦虑消弭策略的动态考察［J］．外语教育研究前沿，2020（2）：50-57，92．

［214］ 陈崇崇．语言输出对语法习得作用的个案研究［J］．解放军外国语学院学报，2009（6）：55-59．

［215］ 陈辉．非英语专业的中国学生学习英语词汇的策略［J］．外语教学，2001（6）：46-51．

［216］ 陈立平，李经伟，赵蔚彬．大学生英语口语自我修正性别差异研究［J］．现代外语，2005（3）：279-287．

［217］ 陈美华，邵争，郑玉琪．基于计算机和网络的大学英语自主学习模式研究［J］．外语电化教学，2005（6）：19-23．

［218］ 陈英．二语动机自我系统、自我效能感、语言焦虑和课堂口语参与动机行为的关系研究［J］．外语学刊，2019（1）：63-70．

［219］ 陈秀玲．英语听力理解与焦虑状态的相关研究及对教学的启示［J］．外语电化教学，2004（2）：65-68，72．

［220］ 程晓堂．英语教材分析与设计［M］．北京：外语教学与研究出版社，2002．

［221］ 崔刚，柳鑫淼，杨莉．动态系统理论视角下的英语学习者个体差异研究［M］．北京：清华大学出版社，2016．

［222］ 崔岭．网络 VOA 资源及新闻听力教学［J］．外语电化教学，2006（1）：51-55．

［223］ 答会明．英语学习焦虑量表的编译及信效度检验［J］．中国心理卫生杂志，2007，21（1）：24-27．

［224］ 戴丽萍．新课标下促进高中学生英语自主学习的策略研究［D］．广西师范大学研究生院，2004．

［225］ 戴炜栋．构建具有中国特色的英语教学"一条龙"体系［J］．外语教学与研究，2001（5）：322-328．

[226] 邓鹂鸣, 王香云. 背诵式语言输入对中国学生二语写作能力发展的有效性研究 [J]. 外语教学, 2007 (4): 52-56.

[227] 邓杏华, 周柳琴. 大学生英语自主学习与听说能力的培养 [J]. 西南民族大学学报 (人文社科版), 2005 (1): 354-356.

[228] 范捷平. 研究型大学的外语自主学习与创造性人才培养 [J]. 外语与外语教学, 2004 (6): 19-21.

[229] 范玉梅. 大学英语课堂同伴互动中的学习者投入研究 [D]. 华中科技大学博士学位论文, 2017.

[230] 范玉梅. 任务类型对同伴互动中学习者投入的影响研究 [J]. 解放军外国语学院学报, 2019 (6): 29-37.

[231] 范玉梅, 龙在波. 自我决定理论视角下大学生基本心理需求与学术英语能动性投入关系研究 [J]. 现代外语, 2022 (3): 406-417.

[232] 方玲玲. "写长法" 在大学英语教学中的应用研究 [J]. 外语界, 2004 (3): 40-45.

[233] 高海虹. 交际策略能力研究报告 [J]. 外语教学与研究, 2000 (1): 53-58.

[234] 甘丽华. 基于输出假设的 "写长法" 教学——一项实证研究 [J]. 疯狂英语 (教师版), 2008 (6): 60-64.

[235] 高黎, 陈唐艳, 曾洁. 学习策略培训对学习者元认知水平影响的历时研究 [J]. 外语界, 2012 (1): 35-43.

[236] 高玉兰. 基于网络的自主——交互式英语教学模式研究 [J]. 黑龙江高教研究, 2004 (9): 48-51.

[237] 顾凯, 王同顺. 同学互评法——有效降低写作焦虑的一种可行性策略 [J]. 中国英语教学, 2004 (6): 24-28.

[238] 郭燕. EFL 情境下中国非英语专业大学生英语课堂学习投入研究 [D]. 华中科技大学博士学位论文, 2020.

[239] 郭燕, 樊葳葳. 大学英语分层次教学背景下的写作焦虑实证研究 [J]. 北京第二外国语学院学报, 2009 (10): 59-65.

[240] 郭燕, 秦晓晴. 中国非英语专业大学生的外语写作焦虑测试报告及其对写作教学的启示 [J]. 外语界, 2010 (2): 54-62.

［241］郭燕，徐锦芬．非英语专业大学生英语学习焦虑多维度研究［J］．外语界，2014（4）：2-11.

［242］韩晔，许悦婷，李斑斑，高雪松．研究生学术论文写作与发表情境下的情绪调节策略研究［J］．现代外语，2024（1）：114-125.

［243］郝玫，郝若平．英语成绩与成就动机、状态焦虑的相关研究［J］．外语教学与研究，2001（2）：111-115，160.

［244］何莲珍．自主学习及其能力的培养［J］．外语教学与研究，2003（4）：287-289.

［245］何享，周丹丹．《语言课堂中的学习者投入》评介［J］．外语教育研究前沿，2022（3）：79-84.

［246］侯俊霞，赵春清．社会科学实证研究方法应用中的伦理问题剖析［J］．伦理学研究，2018（2）：111-116.

［247］胡美馨．言语行为语用意识培养在综合英语教材中的实现［J］．外语研究，2007（4）：65-69，112.

［248］胡越竹．外语焦虑与交际意愿个体差异实证研究［J］．外语电化教学，2016（6）：9-14，21.

［249］黄建滨，于书林．20世纪90年代以来我国大学英语教材研究：回顾与思考［J］．外语界，2009（6）：77-83.

［250］黄建滨，于书林．《英语教材——回顾与评价》评介［J］．现代外语，2010（3）：323-325.

［251］黄远梅．基于Web数据库的英语自主听力系统的应用研究［J］．外语与外语教学，2005（8）：30-32.

［252］惠良虹，冯晓丽．心理弹性对在线英语学习投入的影响——交互距离的中介作用［J］．现代外语，2023（4）：552-562.

［253］季佩英，贺梦依．大学英语师生听力策略研究［J］．外语界，2004（5）：40-46.

［254］江晓红．成就动机和归因对英语学习策略选择的影响［J］．解放军外国语学院学报，2003（2）：69-72.

［255］蒋学清，冯蕾．基于渗透式学习策略的大学英语教材回顾性评估实证研究

［J］. 山东外语教学, 2011（1）: 3-9.

［256］蒋业梅, 刘素君. 大学英语读写课程常见练习的使用效果研究——以《新视野大学英语读写教程》为例 ［J］. 广西师范大学学报: 哲学社会科学版, 2009（1）: 94-98.

［257］教育部高等教育司. 大学英语课程教学要求（试行）［Z］. 上海: 上海外语教育出版社, 2004.

［258］教育部高等教育司. 大学英语课程教学要求 ［Z］. 北京: 清华大学出版社, 2007.

［259］金霞, 刘雅敏, 戴艳旻. 网络自主学习与面授辅导相结合教学模式的实践研究 ［J］. 外语电化教学, 2005（4）: 19-23.

［260］雷红智, 伍锡祥. 教学要适合学生: 以学定教, 因学而导——中学生自主学习能力结构学段特点的调查报告 ［J］. 江西教育科研, 2007（11）: 42-46.

［261］雷霄. 本科生英语学习课堂焦虑调查及其对英语教学的启示 ［J］. 外国语言文学, 2004（1）: 46-51.

［262］李冰雯. CALL 引起的信息输入过剩及应对学习策略研究 ［D］. 西北工业大学研究生院, 2005.

［263］李茶, 隋铭才. 二语学习者个体差异研究: 由简单趋向复杂 ［J］. 中国外语, 2012（3）: 47-59.

［264］李成陈, 韩晔. 外语愉悦、焦虑及无聊情绪对网课学习成效的预测作用 ［J］. 现代外语, 2022（2）: 207-219.

［265］李成陈, 李嵬, 江桂英. 二语学习中的情绪研究: 回顾与展望 ［J］. 现代外语, 2024（1）: 63-75.

［266］李法敏. 创新带来成功——《视听阅读》系列教材策划和推介中的感悟 ［J］. 中国编辑, 2012（1）: 60-62.

［267］李海英, 田慧. 北京体育大学大学英语教材教学效果的研究 ［J］. 北京体育大学学报, 2010（7）: 78-80, 98.

［268］李佳, 蒋宇红, 袁帆. 二语坚毅对同伴反馈投入的影响机制——写作情绪的中介效应 ［J］. 现代外语, 2024（4）: 478-489.

［269］李炯英. 外语学习焦虑的心理学和神经生物学分析［J］. 天津外国语学院学报，2004（4）：46-51.

［270］李昆. 中国大学生英语学习动机调控策略研究［J］. 现代外语，2009（3）：305-313.

［271］李丽，杨一鸣，郝艺，王文静. 大学生英语阅读参与度量表的编制与检验［J］. 外语电化教学，2019（3）：190-197.

［272］李琳琳，高鹏. 网络外语教学模式下自主学习能力培养刍议——大连理工大学研究生英语自主学习网络在线教学系统现状调查［J］. 外语电化教学，2007（6）：68-72.

［273］李绍芳. 管窥任务型写作法与大学英语读、说课融合［J］. 山东外语教学，2009（5）：70-74.

［274］李淑静，高一虹，钱岷. 研究生英语学习动机考察［J］. 解放军外国语学院学报，2003（2）：63-68.

［275］李爽，王增贤，喻忱，宗阳. 在线学习行为投入分析框架与测量指标研究——基于 LMS 数据的学习分析［J］. 开放教育研究，2016（2）：77-88.

［276］李文，张军. 基于 SILL 的国内大学生学习策略与英语成绩相关的元分析［J］. 外语教学理论与实践，2018（4）：39-47.

［277］李燕芳，王莹，郑渝萍，董奇. 小学儿童英语课堂学习焦虑发展及其与教师教育行为的关系［J］. 心理发展与教育，2010（1）：42-47.

［278］李育. 英语学习策略教学在大学英语教学中的实践研究［J］. 外语界，2008（4）：82-87.

［279］李志雪. 英语专业学生写前计划变量对其写作成绩影响的定量研究［J］. 外语教学与研究，2008（3）：178-183.

［280］梁红梅，尹晓霞，李宇庄，叶邵宁. 语料库驱动下的外语在线自主学习模式［J］. 外语电化教学，2005（6）：29-32.

［281］林敏. 非英语专业本科生词汇记忆与观念、策略［J］. 四川外语学院学报，2003（1）：156-160.

［282］刘道义. On evaluation criteria of English teaching materials［J］. 中国外语，2005（6）：14-17，23.

[283] 刘宏刚. 学习者学业浮力：二语习得个体差异研究的新议题 [J]. 山东外语教学, 2022（1）：47-55.

[284] 刘宏刚, 方帆, 滕蕊. 二语"坚毅"研究：综述与前瞻 [J]. 外语研究, 2021（5）：50-54.

[285] 刘梅华. 论低自信和课堂表现焦虑对大学生英语学习的影响：交叉滞后研究 [J]. 外语教学, 2011（5）：43-47.

[286] 刘明. 对白族英语学习者学习策略的调查 [J]. 中国英语教学, 2004（5）：91-98.

[287] 刘晓红, 郭继东, 汪梅芳. 英语学习者教师支持感与课堂社交投入的关系——互动价值感和焦虑自我调节的中介作用 [J]. 现代外语, 2024（4）：516-527.

[288] 刘亦春. 学习成功者与不成功者使用英语阅读策略差异的研究 [J]. 国外外语教学, 2002（3）：24-29.

[289] 龙婷, 龚云. 交际法研究对中国大学英语教材编写的启示 [J]. 外语教学, 2008（6）：65-68.

[290] 楼荷英. 自我评估、同辈评估与培养自主学习能力之间的关系 [J]. 外语教学, 2005（4）：60-63.

[291] 马婧. 混合教学环境下大学生学习投入影响机制研究——教学行为的视角 [J]. 中国远程教育, 2020（2）：57-67.

[292] 马蓉, 王牧华. 大学生学习投入研究的进展与启示 [J]. 中国大学教学, 2020（6）：76-81.

[293] 欧阳建平, 张建佳. 大学英语学习者情感策略培训的实证研究 [J]. 解放军外国语学院学报, 2008（2）：45-51.

[294] 裴光兰, 李跃平. 大学生对《大学英语》课程要求及教材了解情况实证研究——以广西师范大学大二学生为例 [J]. 西南民族大学学报（人文社科版）, 2007（12）：233-236.

[295] 戚宏波. 中国外语学习者自主意识分析 [J]. 外语教学, 2004（3）：90-93.

[296] 钱瑗. 介绍一份教材评估一览表 [J]. 外语界, 1995（1）：42-45.

[297] 秦晓晴. 外语教学研究中的定量数据分析 [M]. 武汉：华中科技大学出版

社，2003.

［298］秦朝霞．国内大学英语写作研究现状及发展趋势分析［J］.现代外语，2009（2）：195-204.

［299］邱明明，寮菲．中国大学生英语阅读焦虑感研究［J］.西安外国语大学学报，2007（4）：55-59.

［300］任庆梅．英语课堂学习投入对学习收获满意度的预测效应［J］.现代外语，2023（4）：540-551.

［301］任蕊．自主学习及其在研究生英语教学中的适用性［J］.学位与研究生教育，2005（6）：22-26.

［302］任素贞．策略教学法与外语听力教学［J］.外语界，2003（2）：55-60.

［303］芮燕萍，冀慧君．多模态听说教学对口语焦虑与课堂沉默的影响［J］.外语电化教学，2017（6）：50-55.

［304］申厚坤．论教师在运用CALL促进学习者自主性中的作用［J］.继续教育研究，2003（2）：81-83.

［305］施春华，盛海娟，王记彩．硕士研究生学习能力及有关心理特征的调查［J］.中国高教研究，2008（11）：34-38.

［306］施渝，徐锦芬．国内外外语焦虑研究四十年——基于29种SSCI期刊与12种CSSCI期刊40年（1972—2011）论文的统计与分析［J］.外语与外语教学，2013（1）：60-65.

［307］石运章，刘振前．外语阅读焦虑与英语成绩及性别的关系［J］.解放军外国语学院学报，2006（2）：59-64.

［308］谭凌霞．浅评"写长法"［J］.西南民族大学学报（人文社科版），2009（S2）：196-198.

［309］谭培文．学分制中以人为本的教材建设与管理探微［J］.广西师范大学学报：哲学社会科学版，2007（4）：96-99.

［310］谭雪梅，张承平．非英语专业学生交际策略能力现状研究［J］.国外外语教学，2002（3）：11-14.

［311］滕琳，杨玉鑫，张雨阳，内森·托马斯，张军．国际二语自我调节学习研究二十年回顾：基于文献计量与范围综述的融通方法［J］.浙江大学学报

（人文社会科学版），2024（4）：145-159.

［312］王爱静，李旭奎，闫海娟．直播课堂环境下大学生外语学习焦虑和自我调节策略研究［J］．外语教育研究前沿，2024（2）：69-75，94.

［313］王才康．外语焦虑量表（FLCAS）在大学生中的测试报告［J］．心理科学，2003，26（2）：281-284.

［314］王初明．外语写长法［J］．中国外语，2005（1）：45-49.

［315］王初明．运用写长法应当注意什么［J］．外语界，2006（5）：7-12.

［316］王初明．论外语学习的语境［J］．外语教学与研究，2007（3）：190-197.

［317］王初明．互动协同与外语教学［J］．外语教学与研究，2010（4）：297-299.

［318］王初明，牛瑞英，郑小湘．以写促学——一项英语写作教学改革的试验［J］．外语教学与研究，2000（3）：207-212.

［319］王笃勤．大学英语自主学习能力的培养［J］．外语界，2002（5）：17-23.

［320］汪富金，宋顺生．课堂任务型"写长法"实证研究［J］．基础英语教育，2009（6）：23-29.

［321］王海燕．写长法与英语学习成绩及其动机的关系［J］．海南大学学报（人文社会科学版），2009（2）：235-240.

［322］王景惠．研究生英语自主学习系统［J］．外语电化教学，2002（5）：56-58.

［323］王立非．新世纪外语教学研究的方法论展望［J］．外语研究，2000（3）：8-9.

［324］王莉梅．EFL学习者习得交际策略的性别差异研究［J］．外语与外语教学，2008（8）：37-41.

［325］王娜，杨永林．"三级评议模式"在创新写作教学中的应用——来自"体验英语写作"团队的报告［J］．外语教学，2006（6）：36-40.

［326］王奇民，王健．制约大学英语学习成效的策略因素探析［J］．外语界，2003（2）：41-46.

［327］王荣英．语言输出中的内隐学习与内隐知识转化研究［J］．四川外语学院学报，2008（4）：127-131.

［328］王泰，杨梅，刘炬红．慕课论坛中教师回复对学生认知发展的作用——基于布卢姆认知分类学［J］．开放教育研究，2020（2）：102-110.

［329］王文．中国大学生学习投入的内涵变化和测量改进——来自"中国大学生学习与发展追踪调查"（CCSS）的探索［J］．中国高教研究，2018（12）：39-45.

［330］王文宇．观念、策略与词汇记忆［J］．外语教学与研究，1998（1）：47-52.

［331］王雪梅．EFL 学习者语言能力、语用能力性别差异研究及其教学启示［J］．外国语言文学，2006（1）：29-33.

［332］王银泉，万玉书．外语学习焦虑及其对外语学习的影响——国外相关研究概述［J］．外语教学与研究，2001，33（2）：122-126.

［333］王幼琨．二语坚毅与学业浮力对学习投入的影响［J］．现代外语，2024（3）：370-382.

［334］王毓琦．二语坚毅与交际意愿的关系探究——外语愉悦与焦虑的中介效应［J］．现代外语，2023（1）：42-55.

［335］文秋芳．英语学习成功者与不成功者在方法上的差异［J］．外语教学与研究，1995（3）：61-66.

［336］文秋芳．英语学习者动机、观念、策略的变化规律与特点［J］．外语教学与研究，2001（2）：105-106.

［337］文秋芳，王海啸．学习者因素与大学英语四级考试成绩的关系［J］．外语教学与研究，1996（4）：33-39.

［338］文秋芳，王立非．中国英语学习策略实证研究 20 年［J］．外国语言文学，2004（1）：39-45.

［339］吴斐．理解性输出与语言学习效率——一项"写长法"的实证研究［J］．外语教学，2005（1）：44-49.

［340］吴锦，张在新．英语写作教学新探——论写前阶段的可行性［J］．外语教学与研究，2000（3）：213-218.

［341］吴丽林．大学非英语专业 GLL 与 ULL 写作策略运用差异研究［J］．湖南大学学报（社会科学版），2005（3）：96-100.

［342］巫文胜．大学生外语口语焦虑自我图式研究［D］．上海师范大学博士学位

论文，2009.

[343] 巫文胜，卢家楣，郭薇．对大学生外语口语焦虑状态的聚类分析 [J]．心理科学，2009（5）：1091-1094.

[344] 夏纪梅．现代外语教材的特征及其意义 [J]．外语界，2001（5）：37-40.

[345] 项茂英．情感因素对大学英语教学的影响——理论与实证研究 [J]．外语与外语教学，2003（3）：23-26.

[346] 徐浩，何向明．从教学法评价的角度再看写长法 [J]．首都师范大学学报（社会科学版），2006（增刊）：51-55.

[347] 徐锦芬，范玉梅．社会认知视角下的外语学习者投入研究 [J]．外语教学，2019（5）：39-43，56.

[348] 徐锦芬，黄子碧．国际自我调节学习研究——二语教学与教育心理学的对比分析 [J]．外语学刊，2020（6）：1-8.

[349] 徐锦芬，寇金南．大学生英语学习焦虑自我调节策略研究 [J]．外语学刊，2015（2）：102-107.

[350] 徐锦芬，彭仁忠，吴卫平．非英语专业大学生自主性英语学习能力调查与分析 [J]．外语教学与研究，2004（1）：64-68.

[351] 徐锦芬，杨嘉琪．英语学习多元互动投入与互动思维的潜在剖面分析 [J]．现代外语，2024（4）：503-515.

[352] 薛常明，何孙赋，蒋益群．基础教育阶段英语"写长法"教学的实效性研究 [J]．广东外语外贸大学学报，2009（4）：108-112.

[353] 杨国顺．"写长法"在高中英语写作教学中的应用 [J]．基础英语教育，2009（3）：28-33.

[354] 杨惠中．从四、六级考试看我国大学生英语语言能力现状 [J]．中国外语，2004（1）：56-60.

[355] 杨坚定．听力理解策略训练与教师的作用 [J]．外语研究，2003（3）：66-71.

[356] 杨连瑞，李绍鹏．国外二语得个体差异研究的新进展 [J]．外语学刊，2009（5）：147-151.

[357] 杨明蕊，黄爱凤．《新视野大学英语读写教程》使用情况调查分析——以

一所二类本科院校为个案研究［J］．红河学院学报，2010（5）：111-118．

［358］杨颖莉，高子涵．特质情绪智力及情绪调节策略对大学生二语学习成效的预测作用［J］．外语与外语教学，2024（1）：46-56，147-148．

［359］杨永林．英语写作研究的范式转变与理论传承［J］．外语教学与研究，2005（1）：15-20．

［360］杨永林，罗立胜，张文霞．体验英语写作研究——来自清华大学英语夏令营"体验英语写作教学"团队的报告［J］．中国外语，2005（6）：58-64．

［361］于书林，黄建滨．中小学英语教材研究调查分析与思考［J］．山东师范大学外国语学院学报（基础英语教育），2008（6）：35-38．

［362］袁凤识，刘振前，张福勇．英语专业和非英语专业学生学习策略差异研究［J］．外语界，2004（5）：25-32．

［363］袁凤识，肖德法．课堂表现性别差异与四级成绩的关系研究［J］．外语与外语教学，2003（8）：22-25．

［364］查德华，韩宝成．整体英语学习系统的建构——基于对中国高校英语学习成功者的调查和分析［J］．外语教学与研究，2022（5）：728-738．

［365］张蓓，马兰．关于大学英语教材的文化内容的调查研究［J］．外语界，2004（4）：60-66．

［366］张殿玉．英语学习策略与自主学习［J］．外语教学，2005（1）：49-55．

［367］张凯，杨嘉琪，陈凯泉．学习者情感因素对英语合作学习投入的作用机理［J］．现代外语，2021（3）：407-419．

［368］张立新，李霄翔．中国——西欧学生自主学习能力对比调查研究［J］．外语界，2004（4）：15-23．

［369］张庆宗．歧义容忍度对外语学习策略选择的影响［J］．外语教学与研究，2004（6）：457-461．

［370］张日昇，袁莉敏．大学生外语焦虑、自我效能感与外语成绩关系的研究［J］．心理发展与教育，2004（3）：56-61．

［371］张润晗，陈亚平．个体差异因素与二语内隐知识的关系研究［J］．现代外语，2020（3）：377-388．

［372］张省林．英语写作心理障碍及其调适——过程写作法教学中的积极情感因

167

素培养［J］.外语与外语教学，2005（5）：24-27.

［373］张素敏.不同教学模式下的外语学习焦虑感干预研究［J］.解放军外国语学院学报，2013（4）：57-61.

［374］张宪，亓鲁霞.自然阅读中的词汇附带习得研究［J］.外语教学与研究，2009（4）：303-308.

［375］张宪，赵观音.外语听力焦虑量表的构造分析及效度检验［J］.现代外语，2011（2）：162-170.

［376］张新凤."写长法"在非英语专业写作教学中的一项实证研究［J］.高等教育研究，2007（3）：51-53.

［377］张秀琴，韩民丽.通过参加课程设计提高研究生外语学习的自主性［J］.学位与研究生教育，2007（11）：46-49.

［378］张雪梅.关于两个英语教材评估标准［J］.解放军外国语学院学报，2001（2）：61-65.

［379］张亚，姜占好.二语写作思维模式、成就目标与自我调节写作策略的关系［J］.外语教学，2024（3）：66-73.

［380］张亚萍.优化英语学习方式 提高自主学习能力——一个英语 WebQuest 教学单元的设计［J］.外语电化教学，2004（1）：66-69.

［381］张艳红.大学英语网络写作教学的动态评估模式研究［J］.外语界，2008（4）：73-81.

［382］赵春，李世瑾，舒杭，顾小清.混合学习投入度研究框架构建、机理分析及实证研究——活动理论的视角［J］.现代远距离教育，2020（6）：69-77.

［383］赵庆红，雷蕾，张梅.学生英语学习需求视角下的大学英语教学［J］.外语界，2009（4）：14-22.

［384］赵勇，郑树棠.几个国外英语教材评估体系的理论分析——兼谈对中国大学英语教材评估的启示［J］.外语教学，2006（5）：39-45.

［385］郑定明.写作焦虑对大学生英语写作的影响［J］.三门峡职业技术学院学报，2005（1）：47-50.

［386］郑咏滟，温植胜.动态系统理论视域下的学习者个体差异研究：理论构建与研究方法［J］.外语教学，2013（3）：54-58.

［387］钟含春，范武邱．CLIL 模式对英语专业学生写作焦虑影响的定量追踪研究 ［J］．解放军外国语学院学报，2018（4）：111-119.

［388］钟凌，王天发．"写长法"对英语写作能力因素的影响——"写长法"英语作文教学实验研究报告 ［J］．海南大学学报（人文社会科学版），2008（2）：230-236.

［389］周保国，唐军俊．二语写作焦虑对写作过程影响的实证研究 ［J］．外语教学，2010（1）：64-68.

［390］周丹丹．二语课堂中的听力焦虑感和情感策略 ［J］．国外外语教学，2003（3）：22-29，21.

［391］周丹丹，黄湘．个体差异对二语读写任务中频次效应的影响 ［J］．外语与外语教学，2015（4）：5-11.

［392］周娉娣．大学英语教材与学习者自主性培养——"新世纪大学英语系列教材"《综合教程》试用调查 ［J］．外语界，2008（2）：78-83.

［393］周雪林．浅谈外语教材评估标准 ［J］．外语界，1996（2）：60-62.

［394］周炎根，桑青松．大学生自主学习能力的差异性分析 ［J］．黑龙江高教研究，2007（1）：140-142.

［395］庄智象．构建具有中国特色的外语教材编写和评价体系 ［J］．外语界，2006（6）：49-56.

［396］邹艳．非英语专业大学生的语言焦虑研究 ［J］．外国语言文学研究，2006（1）：52-57.